Gerd Lüdemann

Der große Betrug

Gerd Lüdemann

Der große Betrug

Und was Jesus wirklich sagte und tat

zuKlampen!

Unzählige Christen haben sich auf Jesus berufen und dabei doch nur ihre eigenen Wünsche in Jesus hineingelegt. Dieses bestürzende Urteil trifft nicht erst auf die Interpreten Jesu in der neuesten Zeit zu, sondern bereits auf die Verfasser der biblischen Schriften.

Das vorliegende Buch stellt in allgemeinverständlicher Weise unechte Jesusworte und -taten vor und vergleicht sie mit den zwar wenigen, aber dafür um so eindrucksvolleren echten Worten und Taten Jesu.

In einem an Jesus gerichteten Brief nimmt Gerd Lüdemann Abschied von Jesus als dem Begründer des christlichen Glaubens. Person und Verkündigung Jesu haben zwar seine tiefe Sympathie, doch komme ihnen nicht mehr die einzigartige Bedeutung zu, die sie dem kirchlichen Dogma zufolge nach wie vor besitzen.

Siebte Auflage 2025

www.zuklampen.de · info@zuklampen.de
Druck: Druck: BoD – Books on Demand GmbH ·
In de Tarpen 42, 22848 Norderstedt · bod.de
Umschlag: Johannes Nawrath

Bei Fragen zur Produktsicherheit
wenden Sie sich bitte an info@zuklampen.de

ISBN Print: 978-3-86674-828-6
ISBN E-Book-PDF: 978-3-86674-921-4
ISBN E-Book-Epub: 978-3-86674-476-9

Bibliografische Information der Deutschen Nationalbibliothek
Die Deutsche Nationalbibliothek verzeichnet diese Publikation
in der Deutschen Nationalbibliografie; detaillierte bibliografische Daten
sind im Internet über ‹http://dnb.dnb.de› abrufbar.

Inhalt

Vorwort

Unzählige Christen haben sich seit den Anfängen der Kirche bis heute auf Jesus berufen und dabei nur ihre eigenen Wünsche in Jesus hineingelegt. Dieses bestürzende Urteil trifft nicht erst auf die Interpreten Jesu in der neuesten Zeit zu, sondern bereits auf die Verfasser der biblischen Schriften. Wenn aber schon im Neuen Testament der überwiegende Teil der Jesusworte und -taten Jesus nachträglich in den Mund gelegt bzw. zugeschrieben wurde, so ist es an der Zeit, in allgemeinverständlicher Form die wichtigsten dieser unstreitig unechten Jesusworte und -taten zu benennen und gleichzeitig eine Auswahl aus dem wenigen erhaltenen Echten von Jesus, das konsensfähig ist, anzuführen. Diesen Zweck erfüllt das vorliegende Buch. Gleichzeitig dient es als populäre Zusammenfassung und Ankündigung eines großen Werkes zu Jesus, das Analysen sämtlicher überlieferter Jesusworte und -taten enthält und für jeden einzelnen Vers der vier neutestamentlichen Evangelien und des neugefundenen alten Thomasevangeliums ein begründetes Urteil über Echtheit und Unechtheit abgibt. Es wird unter dem Titel »Jesus nach 2000 Jahren. Was er wirklich sagte und tat« im nächsten Jahr im zu Klampen Verlag erscheinen.

Zugleich legt das vorliegende Buch Rechenschaft darüber ab, warum ich selbst fortan einen Rückgang auf die Verkündigung Jesu als Begründung des christlichen Glaubens für illegitim halten muß. Ich bedauere aufrichtig die ganz und gar unzureichenden Versuche, die ich in der Vergangenheit in dieser Richtung unternommen habe, stehe aber uneingeschränkt zu den in meinen bisherigen Büchern vorgelegten historischen Analysen bzw. Rekonstruktionen. Ich bitte jetzt darum, diese ausschließlich im Sinne des Zieles der Aufklärung zu lesen, wie es am Ende des ersten Kapitels entfaltet wird. Legt man aber dieses zugrunde, trifft entsprechend auf das in diesem Buch behandelte biblische Phänomen, Jesus – fromm, aber skrupellos – eigene Meinungen in den Mund zu legen, nur der Ausdruck »Betrug« zu, wie ihn auch schon die jüdischen Zeitgenossen Jesu und der Apostel gebraucht haben (vgl. Mt 27,64).

Ohne die Hilfe von Frank Schleritt hätte die Arbeit nicht abgeschlossen werden können. Meiner langjährigen Sekretärin Silke Röthke danke ich für die Erstellung des Manuskripts.

Gerd Lüdemann

I

Brief an Jesus

Lieber Herr Jesus, so habe ich Dich seit meiner Kindheit angeredet und es beim Tischgebet (»Komm, Herr Jesus, sei unser Gast und segne uns und was du uns aus Gnaden bescheret hast!«) jahrelang gesagt. Ein anderes Gebet (»Herr Jesus, du Sohn des lebendigen Gottes, erbarme dich meiner!«) habe ich am Abend wie eine magische Formel immer wieder gesprochen, obwohl ich gar nicht mehr wußte, was ich da eigentlich tat. Aber gerade deswegen hat sich mir Deine Anrede als »Herr Jesus« so tief eingeprägt. Dieses Beten zu Dir als dem Herrn Jesus hat sich aus Gründen der Gewohnheit, Gedankenlosigkeit und Angst auch noch in späteren Zeiten fortgesetzt, obwohl ich schon seit langem wußte, daß Du ganz anders warst, als es mir von meinen Eltern, meinen Lehrern und meinem Pastor nahegebracht wurde. Du bist mir als Person, die ich anreden kann, nämlich ganz fremd geworden. Denn das allermeiste, was Du der Bibel zufolge gesagt bzw. getan hast, hast Du gar nicht gesagt und getan. Außerdem bist Du gar nicht der, als den Dich Bibel und kirchliche Tradition darstellen. Du warst nicht ohne Sünde und bist nicht Gottes Sohn. Du wolltest überhaupt nicht für die Sünden der Welt sterben.

Und was mir besonders schmerzlich war: Du hast das Abendmahl, das ich jahrelang allsonntäglich zu Deinem Gedächtnis beging, nicht eingesetzt. Das Brot, das ich aß, war nicht Dein Leib, und der Wein, den ich trank, war nicht Dein Blut. Es war nur meine Sehnsucht, die das alles erhoffte. Sie hat sich vollständig auf die Diener Deiner Kirche verlassen. Aber statt meinen Zweifel daran ernstzunehmen, ob ich, fast wie ein Kannibale, wirklich Dein Fleisch essen und wirklich Dein Blut trinken soll – als Juden war *Dir selbst* immerhin Blutgenuß strengstens verboten –, haben sie mich auf Martin Luthers Erklärung verwiesen: Das Heilige Abendmahl »ist der wahre Leib und Blut unseres Herrn Jesu Christi, unter dem Brot und Wein uns Christen zu essen und zu trinken von Christus selbst eingesetzt«.

Doch sie haben Dich zu Unrecht in Anspruch genommen. Denn Du warst ganz anders. Du hast wie ein Magier Dämonen ausgetrieben und darin die Ankunft des Reiches Gottes geschaut. Du hast intimen Kontakt zum Teufel gehabt und ihn schließlich wie einen Blitz vom Himmel fallen sehen. Du erwartetest in naher Zukunft den Zusammenbruch der ganzen Welt, die dem neuen Reich Gottes endgültig Platz machen sollte. Einstweilen führtest Du mit Deinen Anhängern ein unstetes Wanderleben im Dienste des Gottesreiches und lehrtest einen grandiosen Verhaltenskodex, der das mosaische Gesetz im Lichte der Liebe interpretiert und damit die besten Traditionen Israels verkörpert. Dazu gehören Deine ethischen Maximen, die auch den Feind in die Liebe einschließen, und Deine tollkühnen Gleichnisse, die – echt menschlich – Helden auf krummen Wegen zeigen.

Aber es hilft alles nichts: Auch Du bist gestorben, und zwar im besten Mannesalter. Auch Du hast den Kelch des Todes getrunken, ja, trinken müssen – unvorhergesehen. Trotz tiefer Erfahrungen mit Deinem Gott, den Du vertrauensvoll Vater nanntest und von dem Du praktisch alles erwartet hast, sind auch Deine Zukunftshoffnungen zerstoben. Sie sind mit der brutalen Realität zusammengeprallt. Spätestens am Kreuz hast Du lernen müssen, was es heißt, ein gottverlassenes Opfer zu werden. Und hätten Deine Anhänger, die verständlicherweise von Dir begeistert waren, nicht den Glauben an Deine Auferstehung verkündet, so wären all Deine Worte und Taten wie Blätter vom Wind verweht worden. Hätten sie ferner nicht Deine baldige Wiederkunft zum Gericht und ewigen Heil gepredigt, so wäre das christliche Gedankengebäude bald in sich zusammengefallen.

Aber Deine Wiederkunft fällt aus, da Deine Auferstehung gar nicht stattfand, sondern nur ein frommer Wunsch war. Das ist deswegen sicher, weil Dein Leib im Grab verwest ist, wenn er überhaupt ins Grab gelegt und nicht von Geiern und Schakalen aufgefressen wurde. Gewiß, Deine Anhänger haben den Glauben an die Auferstehung und Deine Wiederkunft gebraucht, um nach dem Schock von Karfreitag nicht zu verzweifeln, aber heute? Noch immer – oder heute wieder – klammern sich die Christen an Deine Auferstehung, wobei viele längst die ursprüngliche Bedeutung von Auferstehung hinter sich gelassen haben. Man gibt zu, daß Dein Leichnam gar nicht wiederbelebt wurde, und spricht lieber von Deinem Sein bei Gott. Gleichzeitig legen Bischöfe, gebildete Kirchenfunktionäre und christliche Intellektuelle, zu denen manchmal auch Theologieprofessoren gehören, Wert darauf, das Bekenntnis zur Auferstehung festzuhalten, egal, was darunter zu verstehen sei. Aber dieses intellektuelle Verwirrspiel kann auf die Dauer nicht gutgehen und verlangt nach rücksichtsloser Aufklärung. Auf Projektionen, Wünschen und Visionen kann keine echte Religion aufgebaut werden, auch dann nicht, wenn sie so gewaltig auftritt wie die christliche Kirche, die Dich sogar zum Weltenherrn und kommenden Richter erhoben hat. Du aber bist nicht der Weltenherr, als den Dich Deine Anhänger infolge Deiner Auferstehung erklärt haben, und Du wolltest es auch nicht sein. Du hast das zukünftige Reich Gottes verkündigt, gekommen aber ist die Kirche. Du hast Dich getäuscht, und Deine Botschaft ist von Deinen Anhängern zu ihren eigenen Gunsten gegen die historische Wahrheit verfälscht worden. Deine Lehre war ein Irrtum, denn das messianische Reich ist ausgeblieben.

Bitte, schau Dir an, was seit Deinem Tod bis heute alles in Deinem Namen verbrochen worden ist! Es beginnt schon im Neuen Testament, wo man Deine Landsleute als Söhne des Teufels bezeichnet, nur weil sie nicht an Dich glauben. Das Infame daran ist, daß *Dir* diese Worte der Verdammung in den Mund gelegt werden, als ob Du sie gesprochen hättest. Dieser Antisemitismus setzt sich dann in der gesamten Kirchengeschichte fort, und zwar nicht als Abweichung von den ursprünglichen Lehren der Kirche, nein: er mußte sich ausbilden, *weil* Du zum Weltenherrscher erhoben worden warst. Fortan bestraftest Du vom Himmel aus und im Auftrag Deines allmächtigen Vaters die ungläubigen Juden für ihren Unglauben, für ihren Ungehorsam und für ihre Untaten, die sie gegen Dich und Deine Gemeinden begangen haben sollen. Sage nicht, das alles sei eine Verirrung und

Verfälschung Deiner Botschaft gewesen! Vielmehr ist die christliche Kirche, wie aus ihrer zweitausendjährigen Geschichte hervorgeht, *notwendig* so; sonst hätte sie sich gar nicht gebildet, und ihre pure Existenz wäre unmöglich und überhaupt überflüssig gewesen. Daher können wir wirklich nicht mehr zur Tagesordnung übergehen und fortan Deine wahre Botschaft verkündigen, als ob es die letzten 2000 Jahre nicht gegeben hätte.

Ich empfinde eine große Sympathie für Deine Landsleute, die Dich in unserer Zeit durch die Ergebnisse der historischen Forschung als eigenen Bruder haben neu entdecken können, ohne die kirchliche Lehre von Deiner Auferstehung und Deiner Wiederkunft zu übernehmen. Aber gleichzeitig sehe ich selbst keinen Grund, nun zur jüdischen Religion überzutreten. Ich bin selbst noch zu entsetzt über den eifernden Gott Jahwe des Alten Testaments, der überhaupt keine Toleranz kennt und dessen sich die Christen dann bedient haben, um die Juden aus dem Weinberg Gottes zu verjagen. Dieser Jahwe kennt keine Gleichheit aller Völker und ebenso keine Rechte, die allen Menschen auf der Welt in derselben Weise zukommen. Daher bin ich der festen Überzeugung, daß unser Grundgesetz mit den Artikeln von dem Schutz der Menschenwürde, von den Freiheitsrechten, von der Gleichheit vor dem Gesetz, von der Glaubens-, Gewissens- und Meinungsfreiheit das Leben aller Menschen mehr schützt als die Bibel der Juden (das Alte Testament), aber auch die Bibel der Christen (das Alte und das Neue Testament). Zwar betonen heutzutage Kirchenführer und Theologen, daß die gerade genannten Grundrechte unseres Grundgesetzes biblischen Ursprungs seien, doch frage ich mich, warum Kirche und Theologie bis zum 18. Jahrhundert keine dem Grundgesetz entsprechenden Grundrechte, die für *alle* gelten, ausgebildet haben und warum diese zusammen mit dem Toleranzgedanken von der Aufklärung erst in zum Teil erbittertem Kampf gegen die Kirche haben durchgesetzt werden müssen.

Du hast zwar meine tiefe Sympathie, Herr Jesus, aber Du kannst mich gar nicht verstehen und wir Dich nicht, weil die Zeit, in der Du lebtest, und die, in der wir heute leben, so verschieden sind. Du wärest vielleicht nachdenklich geworden, hättest Du erfahren, daß der Himmel sich gar nicht über Dir befindet, daß die Erde eine Kugel und nicht der Mittelpunkt des ganzen Universums ist. Und wahrscheinlich hättest Du Dich sehr gewundert zu lernen, daß Mensch und Affe gemeinsame Vorfahren haben, ja, daß alle existierenden Arten von Lebewesen in einer Entwicklung begriffen sind, an deren Anfang primitive Einzeller standen. Sicher aber wärest Du in Panik geraten, wenn Du gewußt hättest, daß Dein Gott auch 2000 Jahre nach Dir noch kein Ende der Zeiten herbeigeführt hat.

Und nicht nur dies: Dein Gott hat die Welt gar nicht geschaffen, wie Du als frommer Jude Deiner Tage annehmen mußtest. Vielmehr ist das Universum durch eine Evolution entstanden, an deren Anfang nach heutigem Wissen ein Urknall lag. Dein und Deiner Zeitgenossen Bild vom Schöpfergott war viel zu sehr von menschlicher Perspektive aus gebildet, und das gilt in verstärktem Maße von den Dienern Deiner Kirche heute, die es besser wissen müßten, aber trotzdem allsonntäglich Deinen Gott als den Schöpfer Himmels und der Erden bekennen. Ich würde dagegen lieber sagen: Das, was unseren Kosmos zusammenhält und begrenzt, ist ein großes Geheimnis, das wir nicht lüften werden, das sich aber zu erforschen lohnt. Eine solche offene Sicht der Dinge halte ich für unvereinbar mit der Annahme eines biblischen Schöpfergottes, der alles aus dem Nichts erschaffen hat. Und da Du jetzt vielleicht erschrocken fragen wirst, wie ich mit der Wirklichkeit, die Du und Deine Diener Gott genannt haben und weiter nennen, umgehe, so will ich Dir dazu einen Traum erzählen, der mich von diesem Übervater, um nicht zu sagen: Überbleibsel, freigemacht hat:

Ich rang mit Gott. Er war stark und wollte mich in eine Schlucht hinunterreißen, wo Lähmung, Schuld und Angst auf mich warteten. Als ich die Schlucht sah, erinnerte ich mich blitzartig daran, wie sehr mein Leben einmal von Lähmung, Schuld und Angst bestimmt war. Ich sagte mir: nie wieder – und wurde bärenstark. Mit letzter Kraft stieß ich Gott selbst in den Pfuhl hinab und wurde endlich frei.

Auch nach diesem Traum habe ich noch weiter versucht, das Wesen Deiner Botschaft von den zeitbedingten Zügen Deiner Verkündigung zu trennen. Und ich habe mich an Deinen Verhaltenskodex und seine Begründung geklammert. Ich habe gemeint, daß Elemente Deiner Predigt vom Gewaltverzicht, der Feindesliebe und der Offenheit gegenüber Deklassierten gültig bleiben. Aber diese ethischen Maximen sind auch von anderen Menschen vor Dir entwickelt worden und sind nicht einzigartig. Außerdem setzen sie die Erwartung der nahe bevorstehenden Herrschaft Deines Gottes voraus, und die hat sich als Irrtum erwiesen. Vor allem aber weiß ich jetzt: In meinen Versuchen, an Dich anzuknüpfen und Dich als Grundlage meines Lebens zu verstehen, lebte ich heimlich doch von Ostern, von Deinem österlichen Bild, das auf dem Dogma der Kirche beruht. Dieses aber ist längst zusammengebrochen und damit jetzt auch Deine eigene Autorität für mich.

Überhaupt bezweifle ich, daß Erforschung von Geschichte einschließlich Deiner Verkündigung zur Ausbildung eines Moralkodex in der heutigen Zeit führt, der verbindlich sein kann. Die von mir praktizierte historische Methode ergibt schwerlich einen allgemeinen ethischen Sinn oder eine Orientierung für das praktische Leben. Mein bisheriger Glaube daran beruhte offenbar auf Projektionen oder auf einer unhinterfragbaren Voraussetzung. Ich kann nicht weiterhin an die normative Kraft der Geschichte oder historischer Fakten glauben, ohne meine eigenen subjektiven Vorstellungen in wissenschaftlicher Verkleidung mit ins Spiel zu bringen. Der von Dir gelebte Verhaltenskodex ist zudem situationsbedingt und kann überhaupt nicht in die heutige Zeit übertragen werden. Das heißt dann aber: Wir selbst müssen rational begründete Verhaltensregeln ausbilden, die weder von Dir noch von Deinem himmlischen Vater noch von sonst einer Gottheit abhängen können.

Theologieprofessoren und Bischöfe wollen fast um jeden Preis diesen Folgerungen entgehen, die sich aus dem Zusammenbruch des Gedankens einer Schöpfung aus dem Nichts, aus dem Humbug Deiner »Auferstehung« und aus der Unmöglichkeit der Ethik auf der Grundlage Deiner Verkündigung ergeben. Sie meinen sogar, Dir damit einen Gefallen zu tun. Auch ich habe lange Jahre so gehandelt und gedacht. Ich tat es aber für mich, um bei meinem Glauben bleiben zu können, meine eigene Angst zu besiegen und meine Machtposition im kirchlichen Bereich weiter zu halten. Meine Versuche, durch Interpretation die Wirklichkeit Deiner »Auferstehung« als Erfahrung von Vergebung, als

Erfahrung von Ewigkeit und als Erfahrung des Lebens zu bestimmen, mußten aber scheitern, weil diese Erfahrungen auch abgesehen von Deiner Person und Deiner »Auferstehung« gemacht werden können und nicht von dem, was du Gott nanntest, abhängen. Ich ziehe es daher vor, fortan eine rein menschliche Sicht von Religion zu entwickeln, ohne mich durch eine höhere Instanz, die Theologen Gott nennen, legitimieren zu müssen. Bei vielen Diskussionen mit Kollegen über Deine »Auferstehung« und ihre rechte Interpretation wurde mir schmerzlich bewußt, daß diese Kollegen unbedingt Theologen bleiben wollten und sich insgeheim immer auf eine andere Wirklichkeit bezogen haben, ohne sie bei der Erörterung von Texten, Geschichten oder Erfahrungen direkt anzusprechen. In diese geheime Voraussetzung kann ich nicht mehr einwilligen.

So, Herr Jesus, Schluß mit all dem. Ich halte die total verfahrene Lage von Theologie, Kirche und Bibel nicht mehr aus. Bleibe Du dort, wo Du bist, im Galiläa des ersten Jahrhunderts. Dann bist Du wieder viel glaubwürdiger als charismatischer Exorzist und Lehrer von Rang, und wir können dann wieder in ein normales Verhältnis zu Dir treten, wie wir es zu anderen maßgeblichen Menschen der Antike, wie Buddha, Konfuzius und Sokrates, auch haben. Deine Überhöhung jenseits aller menschlichen Möglichkeiten war zu viel und entspringt maßlosen Unsterblichkeitsphantasien und Sehnsüchten, die nun auf den Boden der Realität zurückgebracht werden müssen.

Falls Du aber wirklich auf den Wolken des Himmels wiederkommen solltest, freue ich mich schon jetzt darauf, Dich endlich kennenzulernen. Und ich bin überzeugt, auch wenn ich nicht mehr zu Dir bete und nicht mehr an Dich glaube, Deine Sympathie zu besitzen und von Dir wegen meines Unglaubens nicht vernichtet zu werden, wie es nach Bibel und Bekenntnis eigentlich geschehen müßte. Bis dahin muß aber religiös Schluß sein mit uns beiden aus den Gründen, die ich Dir genannt habe – endgültig.

Ich werde weiter Deine Verkündigung und die sich daran anschließenden christlichen Deutungen erforschen – mit dem Ziel, die heutigen Zeitgenossen in verständlicher Sprache über den eigentlichen Ursprung unserer abendländischen Kultur aufzuklären. Denn die in der Vernunft gegründete Aufklärung samt ihrer Kritik an Offenbarungsansprüchen und Erkenntnisprivilegien jeglicher Art bleibt ein fester Bestandteil der modernen Welt. Allein Aufklärung ermöglicht einen konstruktiven Dialog zwischen den Angehörigen verschiedener Nationalitäten und Kulturen, und sie allein wäre in der Lage, in dem kommenden Jahrtausend Frieden zwischen den Menschen unterschiedlichster Ideologien und Religionen anzubahnen.

II

Wie Echtheit und Unechtheit von Worten und Taten Jesu zu unterscheiden sind:

Beispiele und Kriterien

Das vorliegende Buch ist aus der Überzeugung heraus geschrieben, daß Christen sich zu Jesus in eine glaubwürdige Beziehung setzen müssen, aber auch alle anderen Menschen in dem vom christlichen Abendland geprägten Kulturkreis sich der Wurzeln des Christentums in der Person Jesu von Nazareth historisch vergewissern sollten. Für beide Gruppen ist diese Frage zur Bewältigung der eigenen Geschichte und zur Gestaltung der Zukunft lebenswichtig.

Nun besteht nach allgemein anerkanntem Urteil kein Zweifel daran, daß man in der frühen Kirche Jesus viele Worte und Taten erst nach seinem Tod zuschrieb. Dafür seien hier vorerst nur zwei Beispiele angeführt:

a) Die Ich-bin-Reden im Johannesevangelium, die Jesus von sich in erster Person sagen lassen, er sei die Auferstehung, er sei das Licht der Welt, er sei der Weinstock usw., gehen mit Sicherheit nicht auf Jesus zurück, sondern sind ihm erst nachträglich in den Mund gelegt worden, um den Glauben einer späteren Generation von Christen auszudrücken.

b) Ebenso verhält es sich mit den meisten Wundergeschichten. Daß Jesus tatsächlich auf dem See gegangen sei, einen Sturm gestillt, Brot vermehrt, Wasser in Wein verwandelt und Tote auferweckt habe, wird heute von niemandem mehr ernsthaft angenommen. Diese Taten hat man Jesus vielmehr erst nach seinem Tod bzw. seiner vermeintlichen Auferstehung angedichtet, um seine Bedeutung zu steigern.

Diese besseren Einsichten, die erst durch die historische Kritik herausgearbeitet wurden, ändern nichts daran, daß die frühen Christen dies alles im Rahmen der Kanonisierung als authentisch ansahen und demzufolge auch unechte Jesusworte und -taten fortan als Kernbestand der Heiligen Schrift betrachteten. Deshalb muß im Blick auf alle Jesusüberlieferungen des frühen Christentums, die Anspruch auf Echtheit besitzen, einmal rigoros Klarheit geschaffen und geklärt werden, was Jesus denn nun wirklich gesagt und getan hat, was damals wirklich geschehen ist und was eindeutig später hinzugefügt wurde. Zu diesem Zweck wird in den folgenden Kapiteln eine Auswahl eindeutig unechter sowie höchstwahrscheinlich echter Worte und Taten Jesu in deutscher Übersetzung vorgelegt und kommentiert.

Ein solches Vorgehen ist in der Geistesgeschichte unserer westlichen Kultur begründet, aus der die Entdeckung der Geschichtlichkeit jeder Zeit einschließlich der eigenen nicht mehr wegzudenken ist. Dabei ist im Rahmen der Ausbildung des Wahrheitsbewußtseins der Neuzeit die Frage nach dem, was wirklich war, und dem, was nicht war, sondern nur behauptet wird, unwiderruflich zum selbstverständlichen Bestandteil unseres eigenen Lebens geworden.

Nun lautet gelegentlich der Vorwurf, a) ein solches Unternehmen überschätze die eigenen Möglichkeiten, zwischen echt und unecht zu unterscheiden; b) es scheitere daran, daß die Urteile über echt und unecht in der Forschung zum Teil weit auseinandergehen; c) es berücksichtige nicht hinreichend, daß in unechten Jesus-Traditionen durchaus der Geist Jesu enthalten sein könne; und d) die Frage nach echt und unecht sei für den Glauben irrelevant, da im Jesus der Geschichte und im Christus des Glaubens ein und derselbe Herr rede.

Zu a): Diesen Einwand verstehe ich nicht, zumal er nicht in Abrede stellen kann, daß mit Sicherheit unechte Jesusworte in der Bibel enthalten sind. Dann aber kann, ja muß der Versuch gewagt werden, echte Jesusworte und -taten zu identifizieren.

Zu b): Die allerdings vorhandenen unterschiedlichen Rekonstruktionen der Worte und Taten des historischen Jesus sind kein Argument gegen ein solches Unternehmen: Meinungsvielfalt entbindet nicht von der Verpflichtung, sich der historischen Wirklichkeit mit dem Ziel größtmöglicher Objektivität zu nähern.

Zu c): Dies ist nicht zu bestreiten. Um aber des Geistes Jesu ansichtig zu werden, muß zunächst eindeutig geklärt werden, wo denn anerkanntermaßen echte Jesustraditionen enthalten sind.

Zu d): Mit diesem theologischen Argument, das fundamentalistische Züge hat, läßt sich jegliche historische Arbeit bekämpfen. Faktisch versucht man damit, das historische Bewußtsein der Moderne umzukrempeln, das aber nach wie vor Geltung hat. Es ist lebensnotwendig und, nachdem die großen Konfessionen und Religionen versagt haben, allein fähig, Frieden zwischen den Menschen und ihren Ideologien oder Religionen anzubahnen. Das historische Bewußtsein bildet überhaupt einen festen Bestandteil unserer heutigen Welt. Ohne diese Errungenschaft menschlicher Kultur wäre ein vernünftiger Dialog weder in der Politik noch in der Wirtschaft, noch im privaten Bereich möglich. Wie soll es da zugehen, daß wir, sobald wir den Bereich der Religion beschreiten, davon lassen sollen? Das Ergebnis ist bekannt: eine Schizophrenie bzw. ein Auseinandertreten von Wissenschaft und Religion.

Im folgenden seien die *Voraussetzungen* meiner Arbeit genannt:

Bezüglich des Verhältnisses der drei ältesten neutestamentlichen Evangelien zueinander liegt den Analysen eine modifizierte Zweiquellentheorie zugrunde. Diese besagt: Das Markusevangelium ist das älteste erhaltene Evangelium und stammt ungefähr aus dem Jahre 70. Matthäus und Lukas benutzten etwa ein Vierteljahrhundert später unabhängig voneinander sowohl das Markusevangelium als auch eine Redenquelle (= Q), die etwa genauso alt wie dieses sein dürfte. Darüber hinaus haben sie jeweils ihre eigenen Sonderüberlieferungen verwendet.

Das Johannesevangelium in seiner gegenwärtigen Gestalt stammt aus dem Anfang des 2. Jahrhunderts und setzt nicht nur das Markus-, sondern auch das Lukasevangelium voraus.

Das Thomasevangelium aus dem Fund von Nag Hammadi in Oberägypten im Dezember 1945, das zeitlich etwa gleich anzusetzen ist wie das Johannesevangelium, gehört unbedingt zu den hier zu untersuchenden Quellenschriften, da es, wie immer deutlicher wird, zum Teil eine gegenüber dem Neuen Testament unabhängige Tradition widerspiegelt.

Dabei sei gleichzeitig gesagt, daß das vorliegende Buch ohne explizite Diskussion von Sekundärliteratur auskommt. Die hier vorausgesetzten exegetischen Entscheidungen werden in dem im Vorwort genannten größeren Werk begründet, das eine Übersetzung und Analyse sämtlicher Jesustexte aus den ersten beiden Jahrhunderten enthält.

Vor der Analyse der Traditionen möchte ich folgende *Kriterien* für die Urteile über a) Unechtheit und b) Echtheit von Jesusworten und -taten nennen, die sich mir – das sei hier betont – erst *nach* der Analyse sämtlicher Texte wie von selbst ergeben haben. (Methodenreflexion folgt organisch arbeitender Methode immer nach.)

a) Unechtheitskriterien

Erstens sind solche Worte und Taten eindeutig unecht, in denen der erhöhte Herr redet und handelt bzw. als Sprecher und Akteur vorausgesetzt wird. Denn Jesus redete und handelte nach seinem Tod nicht mehr selbst. Da aber nicht auszuschließen ist, daß dem »Auferstandenen« Worte oder Taten des historischen Jesus zugeschrieben wurden – historischer Jesus und Christus des Glaubens waren für die frühen Christen identisch –, ist jeweils zu prüfen, ob nicht vielleicht den jeweiligen Worten des Erhöhten ein Wort des Irdischen zugrunde liegt.

Zweitens sind diejenigen Taten unhistorisch, die eine Durchbrechung von Naturgesetzen voraussetzen. Dabei ist es gleichgültig, daß die Menschen zur Zeit Jesu diese Gesetze nicht kannten bzw. nicht in naturwissenschaftlichen Kategorien gedacht haben.

Drittens besteht bei sämtlichen Worten Jesu ein Verdacht auf Unechtheit, wenn sie Antworten auf Gemeindesituationen in einer späteren Zeit geben.

Viertens sind diejenigen Worte und Taten unecht, die eine heidnische (und nicht jüdische) Zuhörerschaft voraussetzen. Denn es steht fest, daß Jesus ausschließlich im jüdischen Bereich tätig war.

b) Echtheitskriterien

Erstens dürften viele Worte und Taten Jesu auf der Grundlage des Anstößigkeitskriteriums als echt zu erweisen sein. Bezüglich der Taten Jesu gehört hierher beispielsweise sein Entschluß, sich von Johannes taufen zu lassen. Die Taufe Jesu war den Christen seit der allerältesten Zeit anstößig, und sie wurde von Anfang an auf verschiedene Weise umgebogen, vollständig verschwiegen oder von »Jesus« selbst zurückgewiesen (s. unten S. 113f).

Beispiele für anstößige Worte Jesu sind die in den Jesusgleichnissen auffällig häufig erscheinenden unmoralischen Helden: der Mann, der einen Schatz im Acker findet und diesen kauft, ohne seinen Fund zu melden (Mt 13,44), oder der ungerechte Haushalter, der – von seinem Herrn zur Rechenschaft aufgefordert – diesen betrügt, um bei den Schuldnern seines Herrn Unterschlupf zu finden (Lk 16,1b-7). Schließlich handelt Jesus oftmals selbst als unmoralischer Held und pflegt geselligen Verkehr mit Prostituierten und Zöllnern. Auch dies wurde in der jüngeren Tradition verändert bzw. »interpretiert«.

Zweitens ist das Differenzkriterium ein plausibler Weg, echtes Jesusgut zu ermitteln. Bei seiner Anwendung geht es um die Frage, ob »Jesusworte« aus den nachösterlichen Gemeinden abgeleitet werden können. Im negativen Fall, bei einer Differenz zwischen den Gemeinden und Jesus, kommt letzterer als Sprecher des jeweiligen Wortes in Betracht.

Drittens bietet das Wachstumskriterium eine gute Chance, authentisches Jesusgut zu identifizieren. Die Endgestalt eines Textes läßt sich mit einer Zwiebel vergleichen, von der sich eine Haut nach der anderen abziehen läßt. Je älter eine Texteinheit ist, desto stärker ist sie überlagert von jüngerer Überlieferung. Beispiele dafür liegen in den ethischen Radikalismen der Bergpredigt vor (s. unten S. 99-101).

Viertens sei das Seltenheitskriterium genannt, das sich auf diejenigen Taten und Worte Jesu bezieht, die nur wenige (oder keine) Parallelen im jüdischen Bereich haben. Kandidaten hierfür sind das Wort Jesu vom absoluten Schwurverbot (Mt 5,34a) und das absolute Verbot zu richten (Mt 7,1).

Fünftens läßt sich zur Eruierung echter Worte Jesu das Kohärenzkriterium verwenden, das jeweils die Frage stellt, ob sich aus einer bestimmten Aussage oder Tat eine nahtlose Zuordnung zu sicherem Jesusgut ergibt.

Wie die soeben genannten Unechtheits- und Echtheitskriterien fruchtbar gemacht werden können, sei im folgenden an zwei Beispielen verdeutlicht: am Gleichnis vom Sämann und am Gleichnis vom Unkraut unter dem Weizen samt ihren Deutungen.

Mk 4,3-20: Das Gleichnis vom Sämann und seine Deutung

In Mk 4,3-8 erzählt Jesus das folgende Gleichnis:

»(3) Hört! Siehe, ein Sämann zog aus, um zu säen.

(4) Und es geschah, daß beim Säen das eine neben den Weg fiel, und es kamen die Vögel und fraßen es auf.

(5) Und anderes fiel auf den Felsboden, wo es nicht viel Erde hatte, und sofort sproßte es auf, weil es keine tiefe Erde hatte. (6) Und als die Sonne aufging, verbrannte es und, weil es keine Wurzel hatte, verdorrte es.

(7) Und anderes fiel in die Dornen, und die Dornen gingen auf und erstickten es, und es brachte keine Frucht.

(8) Und anderes fiel in die gute Erde und brachte Frucht, indem es aufging und wuchs, und trug dreißigfach und sechzigfach und hundertfach.«

Die kurz darauf gegebene Deutung (Mk 4,14-20) lautet wie folgt:

»(14) Der Sämann sät das Wort.

(15) Diese aber sind die beim Weg: Wo das Wort gesät wird und wenn sie hören, kommt sofort der Satan und nimmt das Wort, das in sie gesät wurde, weg.

(16) Und diese sind die auf den felsigen Boden Gesäten: Wenn sie das Wort hören, nehmen sie es sofort mit Freude auf; (17) und sie haben keine Wurzel in sich, sondern sind unbeständig. Kommt dann Drangsal oder Verfolgung wegen des Wortes, nehmen sie Anstoß.

(18) Und andere sind die in die Dornen Gesäten. Diese sind es, die das Wort hören; (19) und die Sorgen der Weltzeit und die Verführung des Reichtums und die auf das

übrige bezogenen Begierden gehen in sie hinein und ersticken das Wort, und es wird fruchtlos.

(20) Und jene sind die auf die gute Erde Gesäten, die das Wort hören und aufnehmen und Frucht bringen, dreißigfach und sechzigfach und hundertfach.«

Diese Deutung kann auf gar keinen Fall auf Jesus zurückgehen. Zur Begründung:

Erstens ist sie durch christliche Terminologie geprägt. Z. B. ist der absolut gebrauchte Begriff »das Wort« eine erst von der Urkirche geprägte Bezeichnung für das Evangelium. Dem entspricht, daß sich in dem kleinen Stück V. 14-20 eine Fülle von Aussagen über das Wort finden, die der sonstigen Predigt Jesu fremd, dagegen der späteren Zeit geläufig sind: Der Prediger breitet das Wort aus; das Wort wird aufgenommen, und zwar mit Freude; Verfolgung erhebt sich wegen des Wortes; das Wort wird Anstoß; das Wort wächst; das Wort bringt Frucht.

Ein *zweiter* Grund dafür, daß die Deutung Mk 4,14-20 nicht auf Jesus zurückgehen kann, besteht in der Beobachtung, daß sich in diesem Text Worte finden, die in den drei ältesten Evangelien sonst nicht vorkommen, dagegen der übrigen neutestamentlichen Literatur vertraut sind: z.B. »säen« im übertragenen Sinne für »verkündigen«; »Wurzel« im übertragenen Sinn für innere Festigkeit.

Drittens kommt zu diesen sprachlichen Feststellungen die schwerwiegende Beobachtung, daß die Deutung des Gleichnisses einseitig auf das Psychologische hin verlagert ist. Das Gleichnis wird in der Deutung zu einer Mahnung an die Neubekehrten, ihre Herzensbeschaffenheit darauf zu prüfen, ob es ihnen mit der Bekehrung ernst ist.

Daraus ergibt sich zwingend: Die Deutung des Sämannsgleichnisses Mk 4,14-20 gehört der Urkirche an. Diese hat in dem Gleichnis eine Allegorie gesehen und es dementsprechend Zug für Zug ausgelegt. Zunächst wird der Same auf das Wort, dann in einer Art Tabelle das vierfach beschriebene Ackerfeld auf vier Menschengruppen gedeutet. Dabei haben zwei von Hause aus ganz verschiedene Gedanken Pate gestanden: einerseits der Vergleich des göttlichen Wortes mit Gottes Saat, andererseits der Vergleich der Menschen mit Gottes Pflanzung.

Hier liegt also ein eindeutiger Fall vor, bei dem Jesus Worte in den Mund gelegt wurden, die er nicht gesprochen hat. Wohlgemerkt, die Entscheidung darüber, daß die Deutung des Gleichnisses keinesfalls auf Jesus zurückgeht, besagt noch nicht, daß nun das *Gleichnis selbst* von Jesus stammt. Das wäre vielmehr noch zu prüfen. Hier kommt es zunächst nur darauf an zu zeigen, daß in der Deutung des Gleichnisses ein Text vorliegt, den Jesus auf keinen Fall gesprochen hat. Wenn dies aber so ist, erhebt sich sofort die Frage: Wie viele solcher Fälle liegen vor, ja, wie viele der Jesusworte, die das Neue Testament enthält, sind auf diese Weise entstanden? Und wieviel Prozent mögen echt sein? Die Dringlichkeit dieser Frage wird noch gesteigert, wenn wir den weiteren Zusammenhang betrachten, in dem das Gleichnis vom Sämann und seine Deutung stehen.

Zwischen der gerade zitierten Deutung des Gleichnisses vom Sämann (Mk 4,14-20) und dem Gleichnis selbst steht folgende Erklärung, warum Jesus überhaupt in Gleichnissen redet. Es heißt in Mk 4,10-12:

> (10) Und als er allein war, fragten ihn die, die um ihn waren mit den Zwölfen, nach den Gleichnissen. (11) Und er sagte ihnen: »Euch ist das Geheimnis des Reiches Gottes gegeben. Jenen aber, die draußen sind, geschieht alles in Gleichnissen, (12) damit sie sehend sehen und doch nicht erkennen und hörend hören und doch nicht verstehen, damit sie nicht umkehren und ihnen vergeben werde.«

Die Gleichnisrede Jesu geschieht dem Jesus dieser Verse zufolge also mit dem ausdrücklichen Ziel, daß die Zuhörer sich nicht etwa bekehren und ihnen vergeben werde (V. 12). Der Widerspruch dieser Aussage zu Jesu eigentlicher Absicht könnte nicht größer sein. Während Jesus in Gleichnissen redete, um verstanden zu werden, läßt der Verfasser von V. 10-12 Jesus ganz das Gegenteil sagen: Er habe in Gleichnissen gesprochen, um »mißverstanden« zu werden, um »die da draußen« in die Irre zu führen.

Der Erfinder dieser Jesus selbst in den Mund gelegten Verstockungstheorie ist der Autor des Markusevangeliums selbst. Seine Aussage in V. 11-12 muß im Kontext in Verbindung mit jenen Stellen gesehen werden, die auf Israels Unglauben eingehen. Man vgl. den Tötungsbeschluß der Pharisäer und Herodianer (Mk 3,6), die Zeichenforderung der Pharisäer (8,11), die Vollmachtsfrage durch die Hohenpriester und Schriftgelehrten (11,27-33) und die betont herausgestellte Tatsache, daß wegen der Tötung des Sohnes der Weinberg (nämlich durch die Zerstörung Jerusalems im Jahre 70) von Israel genommen werde (Mk 12,9).

Positiv entspricht das Wort V. 11-12 dem Messiasbekenntnis des Petrus (Mk 8,29) und dem Bekenntnis des

Hauptmanns unter dem Kreuz (Mk 15,39). Beide Personen haben das Geheimnis des Gottesreiches erkannt.

Mt 13,24b-30.37b-43: Das Gleichnis vom Unkraut unter dem Weizen und seine Deutung

> »(24b) Das Reich der Himmel gleicht einem Menschen, der guten Samen auf seinem Acker säte. (25) Als aber die Menschen schliefen, kam sein Feind und säte Unkraut mitten in den Weizen hinein und ging davon. (26) Als nun die Saat keimte und Frucht brachte, da wurde sichtbar auch das Unkraut. (27) Es traten aber die Knechte des Hausherrn herzu und sagten ihm: Herr, hast du nicht guten Samen auf deinem Acker gesät? Woher nun hat er Unkraut? (28) Er sagte ihnen: Ein feindlicher Mensch hat das getan. Die Knechte aber sagen ihm: Willst du nun, daß wir weggehen und es einsammeln? (29) Der aber sagte: Nein; damit ihr nicht, wenn ihr das Unkraut einsammelt, zugleich den Weizen mit ausreißt. (30) Laßt beides zusammen wachsen bis zur Ernte! Und zur Zeit der Ernte werde ich den Schnittern sagen: Sammelt zuerst das Unkraut ein und bindet es in Bündel, um es zu verbrennen; den Weizen aber sammelt in meine Scheune!«

Der Evangelist Matthäus fügt an dieses Gleichnis, das sich nur bei ihm findet, im Anschluß an die Markus-Vorlage noch das Gleichnis vom Senfkorn (13,31-32) und das vom Sauerteig (13,33) an und erzählt wenig später, daß die Jünger an Jesus die Bitte richteten: »Erkläre uns das Gleichnis vom Unkraut des Ackers!« (V. 36). Jesus habe ihnen geantwortet:

> »(37b) Der, der den guten Samen sät, ist der Menschensohn; (38) der Acker aber ist die *Welt*; der gute Same aber

sind diese: *die Söhne des Reichs*; das Unkraut aber sind die Söhne des Bösen; (39) der Feind aber, der es säte, ist *der Teufel*; die Ernte aber ist das Ende der Zeit; die Schnitter aber sind Engel. (40) Wie nun das Unkraut eingesammelt und mit Feuer verbrannt wird, so wird es *am Ende der Zeit* sein. (41) Der Menschensohn wird seine Engel senden, und sie werden aus seinem Reich alle einsammeln, die Anstoß geben und die Gesetzlosigkeit tun, (42) und sie in den Feuerofen werfen; dort wird Heulen und Zähneknirschen sein. (43) Dann werden die Gerechten leuchten wie die Sonne im Reich ihres Vaters. Wer Ohren hat, höre!«

Auch diese Deutung ist unmöglich zusammen mit dem Gleichnis entstanden; das Gleichnis und seine Deutung gehen auf zwei *verschiedene* Erzähler zurück. Zur Begründung:

Erstens berührt die Deutung nirgends den springenden Punkt des Gleichnisses: die Mahnung zur Geduld.

Zweitens geschieht die Deutung nur auswahlweise, da weder der Schlaf der Menschen (V. 25) noch die Knechte und ihr Gespräch mit dem Herrn (V. 27-29), noch die Scheune (V. 30) ausgelegt werden.

Drittens weist Mt 13,37b-43 eine große Häufung von Spracheigentümlichkeiten des Matthäus auf (die wichtigsten sind in der Übersetzung kursiv gedruckt).

Aus diesen Beobachtungen ergibt sich: Die Deutung geht auf einen anderen Erzähler als den »Jesus« des Gleichnisses zurück und mag überhaupt vom Evangelisten Matthäus selbst stammen, der Jesus seine eigene Sicht in den Mund gelegt hat. Matthäus schärft seinen Gemeindegliedern hier ein, daß ihnen das Gericht noch bevorsteht und sie deshalb zum gerechten Handeln aufgerufen sind, um Früchte zu bringen.

Diese beiden schlagenden Beispiele mögen genügen, um die Dringlichkeit der Frage danach, was Jesus wirklich gesagt hat, zu belegen. Sie zeigen eindrücklich, daß Jesusworte bereits in der Bibel ausgelegt wurden, wobei die Interpreten es aber vorzogen, ihre eigene Deutung nicht als die ihre zu kennzeichnen, sondern sie gleich Jesus selbst in den Mund zu legen. Dies hat es späteren Bibellesern so schwer gemacht, zur historischen Wahrheit vorzustoßen, da jegliche Rückfrage danach, ob es sich wirklich um Jesusworte handele, sich dem besonderen Status der Bibel als heiliger Schrift gegenüber sah. Aber es hilft nichts: Wer zu Jesus vordringen will – nicht zu dem Jesus, wie ihn die frühen Christen gezeichnet haben, sondern zu dem Mann aus Nazareth, wie er wirklich war –, muß mit der Schärfe des Verstandes zunächst einmal all das, Schale um Schale, abtragen, was sich um Worte Jesu gelegt hat – in der Hoffnung, so das Urgestein der echten Worte Jesu zu erreichen.

Mit dem Begriff »Hoffnung« bringe ich jedoch zum Ausdruck, daß, ebenso wie in den beiden angeführten Beispielen, ein nachträglich ausgelegtes Gleichnis nicht notwendig auf Jesus selbst zurückgeht. Vielmehr ist dies jeweils auf der Grundlage der genannten zuverlässigen Kriterien weiter zu prüfen. Das Bild des Urgesteins macht gleichzeitig deutlich: Nur eine hohe Annäherung und nicht die absolut letzte Form der Worte Jesu ist im günstigsten Fall zu erreichen. Wir stoßen auf das Urgestein, die unmittelbare Nähe, nicht aber auf die Worte Jesu selbst. Das wäre ja auch deswegen auszuschließen, weil Jesus aramäisch sprach und seine Worte nur in griechischer Übersetzung erhalten sind.

Gleiches gilt für die Taten Jesu: Auch hier kann es sich, wenn gesagt wird, dies oder jenes sei historisch zutreffend, nur um eine große Nähe zu dem handeln, was damals wirklich geschah. Denn mehr noch als die Umsetzung von Worten in Sprache zieht die erzählende Wiedergabe von Ereignissen immer einen Verlust von Traditionen nach sich.

Die Entscheidung über Historizität ist also nicht *identisch* mit dem, was Jesus wirklich gesagt bzw. getan hat. Wohl aber wird man sagen dürfen, daß die Entscheidung über *Unhistorizität* »identisch« mit dem ist, was er keinesfalls gesagt hat und was gewiß nicht geschehen ist. Doch ändern diese Einschränkungen nichts an dem Wert der getroffenen Urteile. Wer hier mehr erwartet, bekäme weniger.

Alles, was sich über das Gesagte hinausbewegt, betrifft die Frage der religiösen Gewißheit, die nicht Gegenstand dieses Buches ist. Wohl aber bin ich der Auffassung, daß die in diesem Werk durchgeführten Analysen Voraussetzungen der religiösen Frage sind.

III

Unechte Worte Jesu

1. Jesus verdammt Israel und seine Führer

Mt 23,13-38:
Weherufe gegen Schriftgelehrte und Pharisäer

Erster Weheruf

»(13) Wehe euch, Schriftgelehrte und Pharisäer, ihr Heuchler, daß ihr verschließt das Reich der Himmel vor den Menschen! Denn ihr geht nicht hinein, und die, die hineingehen wollen, laßt ihr nicht hineingehen.

Zweiter Weheruf

(15) Wehe euch, Schriftgelehrte und Pharisäer, ihr Heuchler, daß ihr das Meer und das Land durchzieht, um einen Proselyten zu machen; und wenn er es geworden ist, macht ihr ihn zu einem Sohn der Hölle, doppelt so schlimm wie ihr.

Dritter Weheruf

(16) Wehe euch, ihr blinden Führer, die ihr sagt: ›Wer bei dem Tempel schwört, – das ist nichts; wer aber bei dem Gold des Tempels schwört, ist gebunden.‹ (17) Ihr Narren und Blinden! Denn was ist größer: das Gold oder der Tempel, der das Gold heilig macht? (18) Und: ›Wer bei dem Altar schwört, – das ist nichts; wer aber bei dem Opfer schwört, das darauf liegt, ist gebunden.‹ (19) Ihr

Blinden! Denn was ist größer: das Opfer oder der Altar, der das Opfer heilig macht? (20) Wer also bei dem Altar schwört, schwört bei ihm und bei allem, was darauf liegt. (21) Und wer bei dem Tempel schwört, schwört bei ihm und bei dem, der darin wohnt. (22) Und wer bei dem Himmel schwört, schwört bei dem Thron Gottes und bei dem, der darauf sitzt.

Vierter Weheruf

(23) Wehe euch, Schriftgelehrte und Pharisäer, ihr Heuchler, daß ihr den Zehnten gebt von Minze, Dill und Kümmel und das Wichtigste im Gesetz beiseite laßt: das Recht, die Barmherzigkeit und den Glauben! Dies aber sollte man tun und jenes nicht lassen. (24) Ihr blinden Führer, die ihr die Mücke aussiebt, aber das Kamel verschluckt!

Fünfter Weheruf

(25) Wehe euch, Schriftgelehrte und Pharisäer, ihr Heuchler, daß ihr von außen den Becher und die Schüssel reinigt, innen aber sind sie voll von Raub und Gier! (26) Du blinder Pharisäer, reinige zuerst das Innere des Bechers, damit auch das Äußere rein wird!

Sechster Weheruf

(27) Wehe euch, Schriftgelehrte und Pharisäer, ihr Heuchler, daß ihr seid wie die übertünchten Gräber, die von außen hübsch erscheinen, aber innen sind sie voll von Totengebeinen und lauter Unrat! (28) So auch ihr: Von außen erscheint ihr vor den Menschen zwar gerecht, aber innen seid ihr voller Heuchelei und Unrecht.

Siebter Weheruf

(29) Wehe euch, Schriftgelehrte und Pharisäer, ihr Heuchler, daß ihr den Propheten Grabmäler baut und die Gräber der Gerechten schmückt (30) und sagt: ›Hätten wir in den Zeiten unserer Väter gelebt, so wären wir nicht mit ihnen schuldig geworden am Blut der Propheten!‹ (31) So bezeugt ihr von euch selbst, daß ihr Söhne derer seid, die

die Propheten getötet haben. (32) Wohlan, macht auch ihr das Maß eurer Väter voll! (33) Ihr Schlangen, ihr Otternbrut, wie wollt ihr der höllischen Verdammnis entrinnen?

(34) Darum: Siehe, ich sende zu euch Propheten und Weise und Schriftgelehrte; und von ihnen werdet ihr einige töten und kreuzigen, und einige werdet ihr geißeln in euren Synagogen und werdet sie verfolgen von einer Stadt zur anderen, (35) damit über euch komme all das gerechte Blut, das vergossen ist auf Erden, von dem Blut des gerechten Abel an bis zu dem Blut des Secharja, des Sohnes Berechjas, den ihr getötet habt zwischen Tempel und Altar. (36) Wahrlich, ich sage euch: Das alles wird über dieses Geschlecht kommen.

(37) Jerusalem, Jerusalem, die du tötest die Propheten und steinigst, die zu dir gesandt sind! Wie oft habe ich deine Kinder versammeln wollen, wie eine Henne ihre Küken versammelt unter ihre Flügel; und ihr habt nicht gewollt! (38) Siehe, euer Haus soll euch wüst gelassen werden.«

Erläuterung

Vorbemerkung: Vers 14 ist in den ältesten Handschriften nicht enthalten; er ist erst später in Anlehnung an Mk 12,40 formuliert worden und stellt keinen ursprünglichen Teil des Matthäusevangeliums dar.

Sieben Weherufe nageln die Schriftgelehrten und Pharisäer als Heuchler geradezu fest (V. 13-33). Die Sieben ist eine symbolische Zahl, die Vollständigkeit anzeigt. Sie findet sich oft im Matthäusevangelium und soll die Durchschlagskraft des Vorwurfs noch steigern. Da Matthäus in der Überlieferung nur sechs Weherufe vorfand, hat er den dritten Weheruf – sichtbar an der etwas abweichenden Einleitung (V. 16) – selbst hinzukomponiert.

Der erste Weheruf steht wie eine Überschrift über den nachfolgenden sechs. In einer Generalabrechnung mit den Schriftgelehrten und Pharisäern erklärt Matthäus, diese irrten sich nicht nur an *einzelnen* Punkten, sondern versperrten *allgemein* den Menschen den Zugang zum Gottesreich. Das im folgenden immer negativ gezeichnete Bild von den Gegnern führt am Ende des siebten Weherufs zur Gerichtsansage: Das Maß ist voll. Die Verdammung der Schriftgelehrten und Pharisäer in der Hölle ist sicher.

Ging die Gerichtspredigt bis V. 33 nur an die Schriftgelehrten und Pharisäer, so ist dies in V. 34-36 nicht mehr der Fall. Die formelle Anrede an die Pharisäer und Schriftgelehrten wird hier fallengelassen. Die christlichen Propheten, Weisen und Schriftgelehrten (!) zielen auf die Gegenwart des Matthäus. Sie werden das Schicksal der Tötung, Kreuzigung und Geißelung erleiden (vgl. Mt 10,17; 22,6), und zwar durch die von Jesus der Heuchelei bezichtigten Pharisäer und Schriftgelehrten bzw. ihre Erben. V. 35f zeigen, daß Matthäus an ein Gericht über ganz Israel denkt. Die Klage über Jerusalem (V. 37f) setzt die Strafe der Verwüstung Jerusalems im Jüdischen Krieg, der erst 40 Jahre nach Jesu Tod stattfand, voraus. Denn die Verwüstung der Stadt wird hier nicht in Aussicht gestellt, sondern gilt als bereits geschehen: Die Stadt soll in Trümmern *liegen bleiben*.

Schärfe und Polemik dieser Verdammungsurteile des Matthäus geraten dadurch in ein noch größeres Zwielicht, daß sie Jesus selbst in den Mund gelegt werden und nicht als Meinung des Matthäus oder sonst einer Person gelten. (Man vergleiche dagegen, daß Paulus in 1Kor 7,25 ausführt, er habe zu einer bestimmten Frage kein Gebot Jesu, und das von ihm Gesagte dann ausdrücklich als seine eigene Meinung zu erkennen gibt.)

Historischer Ertrag
Jesus kann diese Weherufe nicht gesprochen haben, da sie vollständig die Gemeindesituation des Matthäus voraussetzen – bzw. in ihren von ihm vorgefundenen Teilen (den sechs Weherufen) die Situation einer christlichen Gemeinde vorher. Sie sind unecht.

Mt 21,33-46:
Das Gleichnis von den bösen Weingärtnern

»(33) Hört ein anderes Gleichnis: Es war ein Hausherr, der pflanzte einen Weinberg und zog einen Zaun darum und grub eine Kelter darin und baute einen Turm und verpachtete ihn an Weingärtner und ging außer Landes.

(34) Als nun die Zeit der Früchte herbeikam, sandte er seine Knechte zu den Weingärtnern, damit sie seine Früchte holten.

(35) Da nahmen die Weingärtner seine Knechte: den einen schlugen sie, den zweiten töteten sie, den dritten steinigten sie.

(36) Abermals sandte er andere Knechte, mehr als das erste Mal; und sie taten mit ihnen dasselbe.

(37) Zuletzt aber sandte er seinen Sohn zu ihnen und sagte
sich: Sie werden sich vor meinem Sohn scheuen. (38) Als
aber die Weingärtner den Sohn sahen, sagten sie zueinander: Das ist der Erbe; kommt, laßt uns ihn töten und sein
Erbteil an uns bringen. (39) Und sie nahmen ihn und stie-
ßen ihn zum Weinberg hinaus und töteten ihn. (40) Wenn
nun der Herr des Weinbergs kommen wird, was wird er
mit jenen Weingärtnern tun?«

(41) Sie sagen ihm: »Er wird den Bösen ein böses Ende bereiten und den Weinberg anderen *Weingärtnern* abgeben, *die ihm die Früchte zur rechten Zeit übergeben*.«

(42) Jesus sagt zu ihnen: »Habt ihr nie gelesen in der Schrift: ›Der Stein, den die Bauleute verworfen haben, dieser ist zum Eckstein geworden. Vom Herrn ist das geschehen und ist ein Wunder vor unsern Augen?‹ (Ps 118,22.23). (43) *Deswegen sage ich euch: Weggenommen werden wird von euch das Reich Gottes und gegeben werden einem Volke, das seine Früchte bringt*. (44) Und wer auf diesen Stein fällt, er wird zerschellen; auf wen aber er fällt, den wird er zermalmen.«

(45) Und als die Hohenpriester und Pharisäer seine Gleichnisse hörten, erkannten sie, daß er von ihnen redete. (46) Und sie trachteten danach, ihn zu ergreifen; aber sie fürchteten sich vor dem Volk, denn es hielt ihn für einen Propheten.

Erläuterung

Mt 21,33-46 formt den Text Mk 12,1-12 geradewegs zu einem Abriß der Heilsgeschichte vom Bundesschluß am Sinai über die Zerstörung Jerusalems (Vers 41; vgl. Mt 22,7) und die Gründung der Heidenkirche (Vers 43) bis zum Endgericht (Vers 44). Ein besonderer Akzent der Interpretation des Matthäus wird an zwei Hinzufügungen zum Markus-Text deutlich, die in der oben gegebenen Übersetzung kursiv gedruckt sind:

a) Mk 12,9: »Der Herr des Weinbergs ... wird den Weinberg anderen geben«, lautet in der Fassung des Matthäus: »Er wird den Weinberg anderen Weingärtnern abgeben, die ihm die Früchte zur rechten Zeit übergeben« (Mt 21,41).

b) Den Satz: »Deswegen sage ich euch: Weggenommen werden wird von euch das Reich Gottes und gegeben werden einem Volke, das seine Früchte bringt« (Mt 21,43), fügt Matthäus dem Markus-Text hinzu. Das bedeutet: Gottes Reich wird Israel weggenommen und einem Volk gegeben, das »Früchte des Gottesreiches« hervorbringt. Das Wort »Volk« weist auf Heiden und wird auch an anderen Stellen des Matthäusevangeliums gebraucht, wo sicherlich diese gemeint sind (vgl. Mt 10,5: »Weg der Heiden«; 28,19: »Macht zu Jüngern alle Heiden!«). Mit anderen Worten, Matthäus spitzt alle antijüdischen Aussagen des von ihm verarbeiteten Textes Mk 12,1-12 zu, indem er ausdrücklich die Übergabe des Weinbergs an die Heiden hervorhebt und Israel jegliche Verheißung abspricht. Fortan gilt die Kirche als das auserwählte Volk und tritt das Erbe des ungehorsamen Israel an.

Historischer Ertrag

Das Gleichnis geht mit Sicherheit nicht auf Jesus zurück, denn *erstens* bearbeitet Matthäus eine literarische Vorlage (er war kein Augenzeuge), und *zweitens* erklärt sich auch dieser Text vollständig aus der Gemeindesituation des Matthäus. Die Worte sind unecht.

Mt 22,1-14:
Das Gleichnis vom Hochzeitsmahl

(1) Und Jesus fing an und redete abermals in Gleichnissen zu ihnen und sagte:

»(2) Das Himmelreich gleicht einem König, der seinem Sohn die Hochzeit ausrichtete. (3) Und er sandte seine Knechte aus, die Gäste zur Hochzeit zu laden; doch sie wollten nicht kommen. (4) Abermals sandte er andere

Knechte aus und sagte: Sagt den Gästen: Siehe, meine Mahlzeit habe ich bereitet, meine Ochsen und mein Mastvieh ist geschlachtet, und alles ist bereit; kommt zur Hochzeit! (5) Aber sie verachteten das und gingen weg, einer auf seinen Acker, der andere an sein Geschäft. (6) Einige aber ergriffen seine Knechte, verhöhnten und töteten sie.

(7) *Da wurde der König zornig und schickte seine Heere aus und brachte diese Mörder um und zündete ihre Stadt an.* (8) Dann sagte er zu seinen Knechten: Die Hochzeit ist zwar bereit, aber *die Gäste waren es nicht wert.* (9) Darum *geht hinaus auf die Straßen* und ladet zur Hochzeit ein, wen ihr findet. (10) Und die Knechte *gingen auf die Straßen hinaus* und brachten zusammen, wen sie fanden, Böse und Gute; und die Tische wurden alle voll.

(11) Da ging der König hinein, sich die Gäste anzusehen, und sah da einen Menschen, der hatte kein hochzeitliches Gewand an, (12) und sagte zu ihm: Freund, wie bist du hier hereingekommen und hast doch kein hochzeitliches Gewand an? Er aber verstummte. (13) Da sagte der König zu seinen Dienern: Bindet ihm die Hände und die Füße und werft ihn in die Finsternis hinaus! Da wird Heulen und Zähneklappern sein. (14) Denn viele sind berufen, aber wenige sind auserwählt.«

Erläuterung

Das Gleichnis vom Hochzeitsmahl folgt auf das von den bösen Weingärtnern (21,33-46), dessen soeben bestimmte Aussageabsicht in Erinnerung gerufen sei: Die Kirche löst Israel ab, sofern sie Jesu Worte hält. Israel ist restlos disqualifiziert und durch die Zerstörung Jerusalems seines Heils vollständig beraubt.

Eine ähnliche Intention läßt sich für das Gleichnis vom Hochzeitsmahl feststellen. Um der rascheren Erkennbarkeit willen sind die antijudaistischen und die ihnen positiv entsprechenden, auf die Heiden zielenden Partien kursiv gesetzt.

Das Gleichnis vom Hochzeitsmahl ist eine Allegorie der Heilsgeschichte, wobei aber diesmal, anders als beim Gleichnis von den bösen Weingärtnern, zum größten Teil die Zeit nach Ostern und fast gar nicht die bis zum Auftreten Jesu ins Auge gefaßt wird. Eine Allegorie liegt dort vor, wo ein Redegenus erst durch Übertragung aller seiner Hauptbegriffe auf ein anderes Gebiet zum wahren Verständnis gelangt. Der König, d. h. Gott, veranstaltet ein Mahl für seinen Sohn, nämlich Jesus Christus. Die von ihm in mehreren Anläufen ausgesprochene Einladung zum Mahl ergeht jeweils an die Juden. Dabei steht die erste Gruppe von Knechten (V. 3) für die Propheten. Die zweite Gruppe (V. 4) bezeichnet die Apostel oder Missionare; die Mißhandlungen und Martyrien, die einzelne von ihnen seitens der eingeladenen Juden erlitten, kommen in V. 6 zum Ausdruck. Die Sendung auf die Straßen (V. 9f) läßt an die Heidenmission denken, der Eintritt in den Hochzeitssaal (V. 10b) an die Taufe. Die drastische Aussage von V. 7 zeigt eine Steigerung des Antijudaismus: Die mörderischen Juden werden umgebracht und ihre Stadt (= Jerusalem) angezündet, wie Matthäus es im Rückblick auf den Jüdischen Krieg im Jahre 70 n. Chr. schildern kann.

V. 11-14 schärfen, ebenso wie das Gleichnis von den bösen Weingärtnern, die Rolle der guten Werke ein und sind ein weiterer Beleg dafür, daß es Matthäus auf das Verhalten ankommt. Denn durch Vers 9, der die wahllose Einladung von Gästen erzählt, hätte der Eindruck einer Gleichgültigkeit in ethischer Hinsicht entstehen können.

Historischer Ertrag

Das Gleichnis geht mit Sicherheit nicht auf Jesus zurück, da sich sein Inhalt vollständig aus der Gemeindesituation des Matthäus erklären läßt. Es ist unecht.

Joh 8,37-45:
Jesus bezeichnet die Juden als Söhne des Teufels

»(37) Ich weiß, daß ihr Abrahams Samen seid; aber ihr sucht mich zu töten, denn mein Wort findet bei euch keinen Raum. (38) Was ich von meinem Vater gesehen habe, rede ich; und ihr tut, was ihr von eurem Vater gehört habt.«

(39) Sie antworteten und sagten zu ihm: »Unser Vater ist Abraham.«

Jesus sagte zu ihnen: »Wenn ihr Abrahams Kinder wäret, so tätet ihr Abrahams Werke. (40) Jetzt aber sucht ihr mich zu töten, einen Menschen, der die Wahrheit zu euch geredet hat, wie ich sie von Gott gehört habe. Das hat Abraham nicht getan. (41) Ihr tut die Werke eures Vaters.«

Da sagten sie zu ihm: »Wir sind nicht unehelich geboren; einen einzigen Vater haben wir: Gott.«

(42) Jesus sagte zu ihnen: »Wäre Gott euer Vater, so liebtet ihr mich; denn ich bin von Gott ausgegangen und komme von ihm; denn ich bin nicht von selbst gekommen, sondern jener hat mich gesandt. (43) Warum versteht ihr denn meine Rede nicht? Weil ihr mein Wort nicht hören könnt!

(44) *Ihr habt den Teufel zum Vater*, und die Gelüste eures Vaters wollt ihr tun. Jener ist ein Mörder von Anfang an und steht nicht in der Wahrheit; denn die Wahrheit ist nicht in ihm. Wenn er Lügen redet, so spricht er aus dem

Eigenen; denn er ist ein Lügner und der Vater der Lüge. (45) Weil ich aber die Wahrheit sage, glaubt ihr mir nicht.«

Erläuterung

Die Auseinandersetzung Jesu mit den jüdischen Gegnern zieht sich wie ein roter Faden durch das Johannesevangelium. Diese Kontroverse findet eine Zuspitzung dort, wo Jesus von ihnen sagt, sie hätten den Teufel zum Vater (Joh 8,44). Die Absicht, Jesus zu töten, haben die Juden im Johannesevangelium von Anfang an (vgl. nur 5,18). Sie setzt sich auch im Anschluß an den vorliegenden Text fort (vgl. 10,31-39; 11,45-53; 19,7).

In dem vorliegenden Text werden die ungläubigen Juden ausdrücklich als Teufelskinder bzw. Teufelssöhne bezeichnet. Die Auseinandersetzung zwischen den Christen hinter dem Johannesevangelium und den ungläubigen Juden treibt einem Höhepunkt zu, der kaum noch zu überbieten ist. Zweifellos geht die Schärfe der Polemik darauf zurück, daß Christen des johanneischen Gemeindeverbandes und ungläubige Juden aneinandergeraten sind. Insofern handelt es sich hier um zeitbedingte Aussagen. Sie sind freilich kaum rhetorischer Natur oder gar Sprachspiele. Der Verfasser meint zweifellos das, was er schreibt, und schreibt das, was er meint. Der Text ist also ein bedauerlicher vorläufiger Höhepunkt der antijüdischen Attacken im frühen Christentum.

Historischer Ertrag

Jesus hat die ihm im vorliegenden Text zugeschriebenen Worte nicht gesprochen. Sie sind vollständig aus der Situation der Gemeinde herzuleiten, auf die das Johannesevangelium zurückgeht, und damit unecht.

2. Jesus beobachtet das Gesetz vollständig und fordert seine Jünger zur rechten Beobachtung auf

Lk 16,17:
Die ewige Gültigkeit des Gesetzes

»Es ist leichter, daß Himmel und Erde vergehen, als daß ein Häkchen vom Gesetz fällt.«

Erläuterung
Dieses Wort steht isoliert in dem Gedankengang des Lukasevangeliums. Vor ihm findet sich der sogenannte Stürmerspruch (V. 16: »Das Gesetz und die Propheten gehen bis zu Johannes; seitdem wird das Gottesreich verkündigt, und jedermann drängt sich hinein«); nach ihm folgt ein Wort Jesu über Ehebruch (V. 18: »Wer seine Frau entläßt und eine andere heiratet, bricht die Ehe, und wer eine vom Mann Entlassene heiratet, bricht die Ehe«).

Die Kunst der Exegeten hat sich endlos darum bemüht, einen glatten Gedankenfluß zwischen diesen drei Logien Jesu herzustellen – mit wieviel Erfolg, bleibt abzuwarten. *Einen* Vorteil haben diese Schwierigkeiten. Sie erweisen den Spruch Lk 16,17 als isoliert überliefertes Jesuswort, das vor der Abfassung des Lukasevangeliums in den Gemeinden bekannt war. (Zur Möglichkeit seiner Herleitung aus Q siehe den nächsten Abschnitt zu Mt 5,17-20, hier V. 18.)

Der Spruch Lk 16,17 drückt die absolute Geltung des Gesetzes aus, ohne daß das Ende von Himmel und Erde überhaupt ins Auge gefaßt wird. Er ist so rigoros, daß nicht einmal alle Juden ihn hätten mitsprechen können. Doch gilt er hier als von Jesus gesprochenes Wort und wurde offensichtlich von einigen seiner Anhänger vertreten.

Historischer Ertrag

Das Wort entstammt einer Gemeindesituation, in der ein Kampf zwischen liberalen und konservativen Christen entbrannt war. Die liberalen Christen sind wahrscheinlich Mitglieder hellenistischer Gemeinden, denen auch der Apostel Paulus zuzuordnen ist, der von konservativen Christen des Abfalls vom Gesetz beschuldigt wurde. Sie verbreiteten über ihn das Gerücht, er lehre alle Juden in der Diaspora, ihre Söhne nicht mehr zu beschneiden (Apg 21,21). Diese Christen gehörten der Gemeinde aus Jerusalem an, die unter der Führung des Jakobus, eines Bruders Jesu, zunehmend eine restaurative Haltung zum Gesetz einnahm. In diesen konservativen Kreisen dürfte Jesus ein so rigoroses Wort wie Lk 16,17 zugeschrieben worden sein. Um ihre eigene Position im Kampf gegen hellenistische Christen zu verteidigen, legten sie dieses Wort Jesus kurzerhand in den Mund.

Jesus kann das Wort niemals gesprochen haben, selbst wenn man meint, er habe sich zum Gesetz in verschiedenen Situationen verschieden geäußert, oder wenn man behauptet, Jesus entfalte eine ambivalente Einstellung zur Thora, die das Gesetz verschärfe und zugleich relativiere. Zweifellos ist das jesuanische Gebot der Feindesliebe eine Verschärfung des alttestamentlichen Gesetzes der Nächstenliebe. Aber diese Verschärfung ist doch *anderer Art* als die in dem vorliegenden Logion. Denn sie führt zu völlig verschiedenen Konsequenzen. Zudem ist der Ausschließlichkeitsanspruch des Wortes zu deutlich, als daß es irgendwann einmal von Jesus hätte gesprochen werden können, gleich in welcher Situation. Es läßt keine Öffnung mehr zu. (Zur Kritik Jesu am Gesetz und seiner Stellung zu ihm vgl. unten S. 98ff.)

Mt 5,17-20:
Die neue Gerechtigkeit

»(17) *Ihr sollt nicht meinen, daß ich gekommen bin, das Gesetz oder die Propheten aufzulösen; ich bin nicht gekommen aufzulösen, sondern zu erfüllen.* (18) Denn wahrlich, ich sage euch: Bis der Himmel und die Erde vergehen, wird nicht ein (einziges) Jota noch ein (einziges) Häkchen vergehen vom Gesetz, *bis es alles geschieht.* (19) Wer nun eines von diesen kleinsten Geboten auflöst und lehrt die Menschen so, der wird der Geringste heißen im Reich der Himmel; wer es aber tut und lehrt, der wird groß heißen im Reich der Himmel. (20) *Denn ich sage euch: Wenn eure Gerechtigkeit nicht die der Schriftgelehrten und Pharisäer weit übertrifft, so werdet ihr nicht in das Reich der Himmel kommen.*«

Erläuterung

Matthäus hat in diesem Abschnitt Sprüche Jesu, die er vorgefunden hat, in seine eigene Konzeption eingeschmolzen und in diesem Prozeß neue Logien gebildet. Die von ihm stammenden Partien des Textes sind in der Übersetzung kursiv gedruckt. Ich gehe die Verse zunächst in der Reihenfolge durch, in der sie bei Matthäus stehen, und begründe am Schluß, warum Jesus kein einziges dieser Worte ausgesprochen hat.

V. 17: Der Vers geht vollständig auf Matthäus zurück. Der Anfang entspricht der ebenfalls redaktionellen Einleitung in 10,34. »Erfüllen« ist eine Lieblingsvokabel des ersten Evangelisten. Die Wendung »Gesetz und Propheten« ist auch in Mt 7,12 und 22,40 als matthäisch belegt. »Erfüllen« hat grundsätzlich eine positive Bedeutung, wie dies auch aus der Gegenüberstellung zu »auflösen« hervorgeht. Matthäus korrigiert in V. 17 womöglich ein von ihm als falsch angesehenes Jesuswort: »Ich bin gekommen, Gesetz und Propheten aufzulösen.« Man vgl. Mt 13,41, wo die matthäische Deutung des Gleichnisses vom Unkraut unter dem Weizen Menschen nennt, die Gesetzlosigkeit tun. Auf sie könnte ein solches »falsches« Jesuswort zurückgehen.

V. 18: Einführung und Schluß geben dem Vers einen matthäischen Charakter, während in der Mitte wahrscheinlich Q zugrunde liegt. V. 18d weist in Entsprechung zu Mt 24,34 auf das Ende der Welt.

V. 19 wurde von Matthäus als isoliertes Wort vorgefunden und hier eingeordnet. Vielleicht ist mit der Bezeichnung »Geringster« auf den Apostel Paulus angespielt, der diese Beschreibung auf sich selbst bezieht (1Kor 15,9). Beachtlich bleibt aber, daß auch dieser ins Himmelreich kommt – freilich in einer untergeordneten Stellung. Dies könnte ein Einigungsangebot an die Heidenchristen unter der Führung des Paulus sein. Vielleicht wäre dieser damit sogar zufrieden gewesen.

»Diese kleinsten Gebote« beziehen sich wahrscheinlich auf die von Mt 5,21 an vorgetragenen Lehren Jesu.

V. 20: Mit dem begründenden »denn« schließt Matthäus mit V. 20 die vorausgehenden Worte ab und bereitet gleichzeitig den folgenden Abschnitt vor. Die von »Jesus« geforderte Haltung der Gerechtigkeit mißt sich antitypisch am Zerrbild der Schriftgelehrten und Pharisäer.

Historischer Ertrag

Der Abschnitt ist durchgehend durch die Aussageabsicht des Matthäus und die Probleme in seinen Gemeinden geprägt. Jesus hat keinen dieser Sätze gesprochen. (S. auch den vorigen Abschnitt zu Lk 16,17.)

Mt 6,1-6.16-18:
Jesus stellt Frömmigkeitsregeln auf

»(1) *Habt acht auf eure Gerechtigkeit, daß ihr sie nicht übt vor den Menschen, um von ihnen gesehen zu werden; wenn aber nicht, habt ihr keinen Lohn bei eurem Vater in den Himmeln.*

Erste Regel

(2) Wenn du nun Almosen gibst, sollst du es nicht vor dir ausposaunen, wie es die Heuchler tun in den Synagogen und auf den Gassen, damit sie von den Menschen gepriesen werden. Wahrlich, ich sage euch: Sie haben ihren Lohn schon. (3) Wenn du aber Almosen gibst, so laß deine linke Hand nicht wissen, was die rechte tut, (4) damit dein Almosen verborgen bleibe. Und dein Vater, der in das Verborgene sieht, wird es dir vergelten.

Zweite Regel

(5) Und wenn ihr betet, sollt ihr nicht sein wie die Heuchler, die gern in den Synagogen und an den Straßenecken stehen und beten, damit sie von den Leuten gesehen werden. Wahrlich, ich sage euch: Sie haben ihren Lohn schon. (6) Wenn du aber betest, so geh in dein Kämmerlein und schließ deine Tür und bete zu deinem Vater, der im Verborgenen ist; und dein Vater, der in das Verborgene sieht, wird es dir vergelten.

Dritte Regel

(16) Wenn ihr fastet, sollt ihr nicht sauer dreinsehen wie die Heuchler; denn sie verstellen ihr Gesicht, um sich vor den Leuten zu zeigen mit ihrem Fasten. Wahrlich, ich sage euch: Sie haben ihren Lohn schon. (17) Wenn du aber fastest, so salbe dein Haupt und wasche dein Gesicht, (18) damit du dich nicht vor den Leuten zeigst mit deinem Fasten, sondern vor deinem Vater, der im Verborgenen ist. Und dein Vater, der in das Verborgene sieht, wird es dir vergelten.«

Erläuterung

Drei Frömmigkeitsregeln bilden den Kern dieses Abschnitts. Jeweils durch einen ›Wenn‹-Satz eingeleitet (V. 2.5.16), sind sie übereinstimmend aufgebaut: Sie handeln vom Almosengeben (V. 2-4), vom Gebet (V. 5-6) und vom Fasten (V. 16-18). (V. 7-15 sind von Matthäus eingesetzt worden und bleiben hier unberücksichtigt.)

Die Frömmigkeitsregeln haben eine weisheitliche Struktur. Sie konzentrieren sich auf eine Privatfrömmigkeit. Der öffentliche Kult im Tempel ist nicht erwähnt; der einzelne steht im Mittelpunkt. Im Blick auf die religiöse Selbstdarstellung wird radikale Askese empfohlen.

Der einleitende Vers ist als Überschrift für den Gesamtabschnitt von Matthäus an die Spitze gestellt. Beobachtungen zur Sprache legen seine redaktionelle Herkunft nahe: So sind die Bezeichnung Gottes als des »Vaters in den Himmeln« und der Begriff »Gerechtigkeit« typisch matthäisch. Das heißt dann: Der erste Evangelist hat die folgenden drei Frömmigkeitsregeln, die ihm als überlieferter Katechismus zur Verfügung standen, bewußt unter das Thema der Gerechtigkeit gestellt.

Historischer Ertrag

Jesus hat diese Worte auf keinen Fall gesprochen. Sie haben *erstens* nichts mit dem durch die Nähe des Gottesreiches begründeten Umkehrruf Jesu und seinen radikalen ethischen Forderungen zu tun. *Zweitens* stehen die Regeln zum Fasten in direktem Gegensatz zum echten Jesuswort Mk 2,19, wonach die Gegenwart des Bräutigams Jesus das Einhalten der Fastengebote erübrigt. Demgegenüber entstammt Mk 2,20 der Zeit nach Tod und »Auferstehung« Jesu. Hier heißt es: »Es werden aber Tage kommen, da der Bräutigam von ihnen genommen wird; und dann werden sie fasten, an jenem Tage.« Dies ist die Situation, in der Fastenregeln wie die in Mt 6,16-18 entwickelt werden konnten. Sind diese aber unecht, dann folgt wegen der übereinstimmenden Form Entsprechendes auch für die erste und zweite Regel.

3. Jesus sagt sein Leiden und Sterben voraus

Mk 8,31; 9,31; 10,32b-34:
Die markinischen Leidens- und Auferstehungsweissagungen

Mk 8,31:

Und er begann, sie zu lehren: »Der Sohn des Menschen muß viel leiden und von den Ältesten und den Hohenpriestern und den Schriftgelehrten verworfen werden und getötet werden und nach drei Tagen auferstehen.«

Mk 9,31:

Er lehrte nämlich seine Jünger und sagte ihnen: »Der Sohn des Menschen wird in die Hände von Menschen übergeben, und sie werden ihn töten und, getötet, wird er nach drei Tagen auferstehen.«

Mk 10,32b-34:

(32) Und wiederum nahm er die Zwölf und begann zu ihnen zu sprechen über das, was ihm zustoßen werde: »(33) Siehe, wir gehen nach Jerusalem und der Sohn des Menschen wird den Hohenpriestern und Schriftgelehrten übergeben werden. Und sie werden ihn zum Tode *verurteilen* und ihn den Heiden übergeben (34) und ihn *verspotten* und ihn *anspucken* und ihn *auspeitschen* und töten, und nach drei Tagen wird er auferstehen.«

Erläuterung

Der zweiten und der dritten Leidens- und Auferstehungsweissagung liegt als Ausgangstext die erste (Mk 8,31) zugrunde. Markus hat auf der Grundlage dieser ihm überlieferten Leidens- und Auferstehungsankündigung die beiden anderen formuliert und dabei der dritten ein besonderes Gewicht beigelegt, indem er die in ihr enthaltenen Einzelheiten eng an seinem Passionsbericht ausrichtete. So erscheinen in Mk 10,32b-34 die in der Leidensgeschichte gebrauchten Verben »verurteilen« (vgl. 14,64), »anspucken« (vgl. 14,65; 15,19) und »verspotten« (vgl. 15,20.31); zu »auspeitschen« vgl. 15,15)

Markus will mit diesen drei Leidensankündigungen (und besonders der dritten) ausdrücken: Jesus geht freiwillig nach Jerusalem, um dort zu sterben; denn das sei notwendig und entspreche dem Plan seines Vaters (vgl. 8,31a). Er sieht sein Ende bis in die Einzelheiten voraus und wird sich dennoch in seiner Entscheidung nicht beirren lassen.

Vielleicht kam noch ein erbaulicher Gesichtspunkt hinzu: Erst wenn Jesus seinen Tod und seine Auferstehung vorausgewußt und vorausgesagt hat, ist er wirklich der Herr des Todes und des Lebens. Die Vollendung dieser Entwicklung sehen wir im Johannesevangelium (Joh 10,17-18): »(17) Darum liebt mich der Vater, weil ich mein Leben lasse, daß ich es wieder nehme. (18) Niemand nimmt es von mir, sondern ich selber lasse es. Ich habe Macht, es zu lassen, und ich habe Macht, es wieder zu nehmen. Dieses Gebot habe ich empfangen von meinem Vater.«

Da Markus die dritte Leidensweissagung so eng mit der Passionsgeschichte verknüpft, wird in ihr ein antijudaistischer Zug deutlich (vgl. dazu die bereits oben besprochenen Abschnitte Mt 23,13-28; 21,33-46; 22,1-14 und Joh 8,37-45). Denn mit der Tötung Jesu verwirklichen die jüdischen Oberen ihren seit Beginn des Auftretens Jesu gehegten Plan. Vgl. Mk 3,6: »Und die Pharisäer gingen hinaus und hielten sofort Rat mit den Herodianern gegen ihn, wie sie ihn umbringen könnten.«

Historischer Ertrag

Gegen die Geschichtlichkeit der *dreimal* ausgesprochenen Leidens- und Auferstehungsweissagung spricht die klar erkennbare Absicht, die Markus mit ihr verbindet.

Gegen die Annahme der Historizität der *einen* Leidens- und Auferstehungsweissagung in Mk 8,31 erhebt sich als Gegenargument *erstens* ihr unverhohlener Antijudaismus. *Zweitens* ist schwerlich glaubhaft, daß Jesus von seiner Auferstehung nach drei Tagen gesprochen hat. Denn diese war für die ersten Jünger ein unverhofftes Geschehen. Die Voraussage der eigenen Auferstehung wurde Jesus also erst später in den Mund gelegt. Dann aber fällt auch ein erheblicher Zweifel auf die Voraussage seines eigenen Leidens. Positiv gewendet: Jesus ist nach Jerusalem gezogen, um das Reich Gottes bzw. den neuen Tempel kommen zu sehen (vgl. dazu unten S. 116-119).

Mk 14,26-31: Die Ankündigung der Verleugnung des Petrus

> (26) Und als sie den Lobgesang gesungen hatten, gingen sie hinaus zum Ölberg. (27) Und Jesus sagt zu ihnen: »Ihr werdet alle Ärgernis nehmen; denn es steht geschrieben: ›Ich werde den Hirten schlagen, und die Schafe werden sich zerstreuen.‹ (28) Wenn ich aber auferstanden bin, will ich vor euch hingehen nach Galiläa.«
>
> (29) Petrus aber sagte zu ihm: »Auch wenn alle Ärgernis nehmen, so doch ich nicht!«

(30) Und Jesus sagt zu ihm: »Wahrlich, ich sage dir: Heute, in dieser Nacht, ehe der Hahn zweimal kräht, wirst du mich dreimal verleugnen.«

(31) Er redete aber noch weiter: »Auch wenn ich mit dir sterben müßte, werde ich dich nicht verleugnen!«

Das gleiche aber sagten sie alle.

Erläuterung

Diese Szene ist im Rückblick formuliert worden unter Verarbeitung der später im Markusevangelium breit ausgestalteten Überlieferung, daß Jesus vor seiner Verhaftung von Petrus verleugnet wurde (Mk 14,66-72) und nach seinem Tod auferstanden ist (Mk 16,1-8). Jesus als der Gottessohn muß natürlich auch diese beiden zukünftigen Ereignisse im voraus gewußt haben (vgl. die drei Leidens- und Auferstehungsweissagungen im vorigen Abschnitt). Das gleiche gilt für die Voraussage Jesu, daß alle Jünger an ihm Ärgernis nehmen würden. Sie setzt die später von Markus berichtete Flucht aller Jünger voraus (Mk 14,50). Bezeichnenderweise wird sie durch ein Schriftzitat (Sach 13,7) begründet.

Historischer Ertrag

Die Szene entstammt der Komposition des Markus und ist deswegen mit Sicherheit unhistorisch. Jesus hat diese Worte über die zukünftige Verleugnung des Petrus nie gesprochen. Das gleiche gilt für seinen Satz darüber, daß alle Jünger an ihm Ärgernis nehmen würden.

Mk 14,17-21:
Die Ankündigung des Verrats des Judas

(17) Und am Abend kommt er mit den Zwölfen. (18) Und als sie bei Tisch lagen und aßen, sagte Jesus: »Wahrlich, ich sage euch: Einer unter euch, der mit mir ißt, wird mich ausliefern.«

(19) Und sie wurden traurig und fragten ihn, einer nach dem anderen: »Etwa ich?«

(20) Er aber sagte zu ihnen: »Einer von den Zwölfen, der mit mir seinen Bissen in die Schüssel taucht. (21) Denn der Menschensohn geht zwar hin, wie von ihm geschrieben steht; wehe aber jenem Menschen, durch den der Menschensohn verraten wird! Es wäre besser für jenen Menschen, wenn er nicht geboren wäre.«

Erläuterung und historischer Ertrag

Das Stück verhält sich zu Mk 14,43-45 (Judas verrät Jesus durch einen Kuß) wie der vorige Abschnitt zu Mk 14,66-72, wo die Verleugnung Jesu durch Petrus erzählt wird. Jesus hat die Sätze über den Verrat des Judas nie gesprochen.

4. Jesus verleiht der Kirche Binde- und Lösegewalt

Mt 18,15-18

»(15) Wenn aber dein Bruder gegen dich sündigt, so gehe und stelle ihn unter vier Augen zur Rede! Wenn er auf dich hört, so hast du deinen Bruder gewonnen. (16) Wenn er aber nicht auf dich hört, so nimm noch einen oder zwei mit dir, damit jede Sache auf die Aussage von zwei oder

> drei Zeugen gestellt sei. (17) Wenn er aber nicht auf sie hört, so sage es der Gemeinde! Wenn er aber auch auf die Gemeinde nicht hört, so sei er für dich wie der Heide und der Zöllner!
>
> (18) Wahrlich, wahrlich, ich sage euch: Was ihr auf Erden binden werdet, soll auch im Himmel gebunden sein, und was ihr auf Erden lösen werdet, soll auch im Himmel gelöst sein.«

Erläuterung

Der Abschnitt besteht aus zwei Teilen: V. 15-17 und V. 18.

V. 15-17 enthält in Form von Jesusworten eine disziplinarische Gemeindeordnung und regelt, wie im Konfliktfall zu verfahren ist, wenn ein Gemeindeglied eine Sünde begangen hat. Falls keine Versöhnung gelingt, soll der Bruder wie ein Heide oder ein Zöllner behandelt werden. Aufschlußreich ist, daß die Gemeinde hier noch ganz separiert von den Heiden lebt (vgl. ähnlich Mt 6,7).

Das Wort Jesu in V. 18 ist, äußerlich gesehen, sekundär an V. 15-17 angefügt, da es ein anderes Thema verhandelt und nichts mit Gemeindedisziplin zu tun hat. Gleichzeitig gibt es der Prozedur von V. 15-17 die nötige Absicherung. Gott, so das Wort Jesu, wird das Urteil der Gemeinde über den unbußfertigen Sünder bestätigen.

Historischer Ertrag

V. 15-17 wurzeln vollständig in einer bestimmten Gemeindesituation nach dem Tode Jesu und können schon deswegen nicht auf Jesus zurückgehen. Das gleiche gilt für V. 18, der – als Wort Jesu – der Gemeinde die himmlische Sanktionierung für ihre wirksame Jurisdiktion gibt.

Mt 16,17-19

(17) Jesus aber antwortete und sagte zu ihm: »Selig bist du, Simon, Jonas Sohn; denn Fleisch und Blut haben dir das nicht offenbart, sondern mein Vater in den Himmeln. (18) Und ich sage dir auch: Du bist Petrus, und auf diesen Felsen will ich meine Kirche bauen, und die Pforten der Hölle sollen sie nicht überwältigen. (19) Ich werde dir die Schlüssel des Reiches der Himmel geben: und was du auf der Erde binden wirst, soll in den Himmeln gebunden sein, und was du auf der Erde lösen wirst, soll in den Himmeln gelöst sein.«

Erläuterung

Dieses nur von Matthäus überlieferte Stück schreibt dem Petrus die ausschlaggebende Autorität hinsichtlich der Disziplin und Lehre zu. Dies ergibt sich aus den Verben »binden« und »lösen« in V. 19.

Historischer Ertrag

Jesus kann diese Worte nicht gesprochen haben, da er keine Kirche gegründet hat. Vielmehr handelt es sich hier um Worte des »Auferstandenen«, die daran einen Anhalt haben, daß Petrus nach dem Tod Jesu tatsächlich als erster den »Auferstandenen« gesehen hat (vgl. 1Kor 15,5). Die oben abgedruckten Worte wurden dann von Petrus selbst oder von seinen Anhängern Jesus in den Mund gelegt und anschließend von Matthäus ins Leben Jesu vordatiert. Sie sind unecht.

Joh 20,21-23

(21) Da sagte ihnen [der auferstandene] Jesus abermals: »Friede sei mit euch! Wie mich der Vater gesandt hat, so schicke ich euch.« (22) Und als er das gesagt hatte, hauchte er sie an und sagt ihnen: »Nehmt hin den Heiligen Geist! (23) Welchen ihr die Sünden erlaßt, denen sind sie erlassen; und welchen ihr sie behaltet, denen sind sie behalten.«

Erläuterung und historischer Ertrag

Jesus hat diese Worte zum Disziplinarrecht der frühen Kirche nie gesprochen. Sie sind unecht. Zur Begründung vgl. die beiden vorigen Texte.

5. Jesus beauftragt seine Jünger zur Mission

Mt 28,16-20:
Erscheinung Jesu und Missionsbefehl

(16) Aber die elf Jünger gingen nach Galiläa auf den Berg, wohin (zu gehen) Jesus ihnen befohlen hatte. (17) Und als sie ihn sahen, fielen sie vor ihm nieder; einige aber zweifelten.

(18) Und Jesus trat herzu und redete zu ihnen: »Mir ist gegeben alle Gewalt im Himmel und auf Erden. (19) Darum gehet hin und machet zu Jüngern alle Völker: Tauft sie auf den Namen des Vaters und des Sohnes und des heiligen Geistes (20) und lehret sie beachten alles, was ich euch geboten habe. Und siehe, ich bin bei euch alle Tage bis an der Welt Ende.«

Erläuterung
V. 16 berichtet von der Ausführung des Befehls, den Jesus durch Frauen an die Jünger gerichtet hat: nach Galiläa zu gehen, um ihn dort zu sehen (Mt 28,10). Jesus ist nämlich inzwischen auferweckt und darum zum Herrn des Himmels und der Erden von Gott eingesetzt worden (V. 18). Als solcher erteilt er den Jüngern den Befehl, alle Völker zu Jüngern zu machen und sie zu taufen (V. 19). Zielpunkt dieses Textes, der das Evangelium des Matthäus abschließt, sind zwei Punkte: *Erstens:* Die Völker sollen die Worte Jesu beachten, wie er sie den Jüngern im Evangelium befohlen hat, beispielsweise die Gebote der Bergpredigt (Kap. 5-7), und damit auf dem Weg der Gerechtigkeit wandeln. *Zweitens* verspricht Jesus den Jüngern seine Gegenwart bis ans Ende der Welt, wie er es schon vorher in Aussicht gestellt hatte: »Wo zwei oder drei versammelt sind in meinem Namen, da bin ich mitten unter ihnen« (Mt 18,20).

Historischer Ertrag
Auch wenn man einmal davon absieht, daß in diesem Text der »Auferstandene« spricht, so sind die Worte Jesu ganz in der Situation einer Gemeinde nach Jesu Tod verwurzelt, die nun aktiv Heidenmission betreibt und das Evangelium nicht mehr unter ihren jüdischen Volksgenossen ausrichtet. Das war nicht immer so, wie aus Mt 10,5 hervorgeht, wo die Jünger noch ausschließlich zu den verlorenen Schafen des Hauses Israels und nicht zu den Heiden gesandt waren. Der Text setzt eine Situation entsprechend der von Mt 21-23 voraus, wo die Kirche der Heiden an die Stelle Israels getreten ist. Gemäß dieser Theorie ist das ungläubige Israel der

Verdammnis der Hölle überantwortet wegen der Schuld, die es durch die Tötung Jesu und seiner Gesandten auf sich geladen hat. Angesichts dieser von der Situation des Lebens Jesu völlig unterschiedlichen Lage des Textes ist sicher: Auch die Worte des Missionsbefehls in Mt 28,16-20 hat Jesus nicht gesprochen. Sie sind unecht.

6. Jesus sagt einigen seiner Jünger das Überleben bis zur Ankunft des Gottesreiches voraus

Mk 9,1

Und er sagte zu ihnen: »Wahrlich, ich sage euch: Es gibt etliche von den hier Stehenden, die den Tod nicht schmekken werden, bis sie das Reich Gottes haben kommen sehen in Kraft.«

Erläuterung

Mk 9,1 ist ein Einzelspruch im Munde Jesu, der von Markus durch eine Aufreihungsformel (»und er sagte zu ihnen«) mit dem vorhergehenden Abschnitt verbunden wurde. Markus schließt nach dem Spruch die Erzählung von der Verklärung Jesu (V. 2-11) an (zur Absicht s. sofort).

Der Vers bezieht sich auf die Erwartung des Weltendes, dem positiv der Anbruch des Reiches Gottes entspricht. Diese Erwartung wird vom Verfasser des zweiten Evangeliums uminterpretiert: Mit der anschließend erzählten Verklärung Jesu ist das Reich Gottes bereits in Kraft gekommen und von den drei Jüngern Petrus, Jakobus und Johannes gesehen worden.

Das von Markus hier eingeflochtene Wort entstand in der Zeit nach dem Tode und der »Auferstehung« Jesu, als die Erwartung des Kommens Jesu vom Himmel noch lebendig war, etliche seiner Jünger jedoch unverhofft gestorben waren. Diesen noch lebenden Jüngern sichert das Wort Jesu als Trost zu: Wenigstens ein kleiner Rest der ersten Generation wird den Anbruch des Reiches Gottes noch erleben. Ihr könnt euch darauf verlassen.

Einen Einblick in das Problem der »Parusieverzögerung«, um das es hier geht, liefern die Briefe des einzigen Augenzeugen der ersten urchristlichen Generation, Paulus. 1Kor 15,51 berichtet er von einem ihm widerfahrenen »Geheimnis«, d. h. eines ihm als Propheten zuteil gewordenen Wortes des Herrn, das Probleme in der Gemeinde lösen soll. Er schreibt:

> »Alle werden wir nicht entschlafen,
> alle aber verwandelt werden.«

Darauf folgt eine Beschreibung des Endes, die seinen plötzlichen Eintritt betont, die Gerichtsposaune hervorhebt und die Totenerweckung konstatiert (1Kor 15,52).

Dieses Wort bewegt sich im Horizont der urchristlichen Erwartung, das Ende der Welt und damit die Ankunft des Herrn Jesus vom Himmel stünden unmittelbar bevor. Der Spruch verändert die Erwartung dahingehend, daß zuvor die meisten sterben würden, einige aber bis zum Ende mit ihrem Überleben rechnen könnten (so auch Mk 9,1).

Eine Vorstufe für diese veränderte Zukunftserwartung finden wir im ältesten Brief des Paulus, dem an die Thessalonicher (1Thess 4,15-17), wo das dem Propheten Paulus zuteil gewordene Wort des »Herrn« wie folgt lautet:

> »(15) Denn das sagen wir euch mit einem Wort des Herrn, daß wir, die wir leben und übrigbleiben bis zur Ankunft des Herrn, denen nicht zuvorkommen werden, die entschlafen sind. (16) Denn er selbst, der Herr, wird, wenn der Befehl ertönt, wenn die Stimme des Erzengels und die Posaune Gottes erschallen, herabkommen vom Himmel, und zuerst werden die Toten, die in Christus gestorben sind, auferstehen. (17) Danach werden wir, die wir leben und übrigbleiben, zugleich mit ihnen entrückt werden auf den Wolken in die Luft, dem Herrn entgegen; und so werden wir bei dem Herrn sein allezeit.«

Zum Zeitpunkt der Abfassung des ersten Thessalonicherbriefs setzt Paulus offenbar voraus, daß die Mehrheit der Christen, seine Person eingeschlossen, mit einem Überleben bis zur Ankunft Jesu vom Himmel rechnen könne, während eine Minderheit versterbe.

Aus dieser Rekonstruktion folgt, daß Paulus *vor* der Abfassung des ersten Thessalonicherbriefs davon ausgegangen war, *alle* Christen würden bis zum Kommen Jesu vom Himmel überleben; und in dieser Erwartung dürfte er die christliche Durchschnittsmeinung der ersten Jahre nach Tod und »Auferstehung« Jesu vertreten haben.

Historischer Ertrag

Die Rekonstruktion der Entstehung des Wortes Mk 9,1 beweist seine Unechtheit. Gleichzeitig macht es, zusammen mit den angeführten Belegen aus den Briefen des Apostels

Paulus, die brennende Naherwartung der ersten christlichen Generation deutlich, die – das kann man hier schon sagen – am besten verstehbar ist, wenn Jesus selbst mit dem Kommen des Reiches Gottes in allernächster Zukunft gerechnet hat.

Mt 10,23

> »Wenn sie euch in dieser Stadt verfolgen, flieht in die andere. Wahrlich, ich sage euch: Ihr werdet nicht mit den Städten Israels zu Ende kommen, bis der Menschensohn kommt.«

Erläuterung

Das Wort steht relativ unverbunden im Kontext des Matthäusevangeliums – ein Grund mehr, es als isoliert überlieferten Spruch Jesu zu betrachten, den Matthäus kennengelernt und in sein Evangelium eingeflochten hat, um die Rede Jesu an die Jünger über ihr zukünftiges Schicksal zu vermehren (V. 17-25). V. 17b-22 hat Matthäus aus Mk 13,9-13 hier eingeschoben; V. 24-25 stammen aus Q (= Lk 6,40 mit Entsprechungen in Joh 13,16; 15,20).

Dieses Logion spiegelt eine brennende Naherwartung wider. Sie war für seinen Sprecher und dessen Adressaten mit der Überzeugung verbunden, den Tag des Menschensohnes zu den eigenen Lebzeiten zu erleben. Das Ende der Welt wird mit diesem Wort terminiert. Es enthält mit seiner Aussage, daß die Jünger nicht lange in der Verfolgung ausharren müßten, die klare Voraussetzung, daß keiner von ihnen (oder nur eine Minderheit) sterben werde. Andernfalls wäre die Anrede an die Jünger sinnlos gewesen. Insofern gehört dieser Text in eine noch frühere Zeit als der soeben untersuchte Text Mk 9,1.

Historischer Ertrag

Manche halten diesen Spruch in der Nachfolge Albert Schweitzers für echt, da es sich in V. 23b um eine unerfüllt gebliebene Weissagung handele. Dieses Argument überzeugt nicht, da eine unerfüllte Prophezeiung auch ein urchristlicher Prophet ausgesprochen haben könnte. Doch läßt sich das Wort vollständig aus der Situation der Gemeinde nach Tod und »Auferstehung« Jesu herleiten, in der Missionare in Israel für den Glauben an Christus warben und vielen Schwierigkeiten ausgesetzt waren. Eine Parallele liefert wiederum Paulus, der seine Gemeinden vorweg über die zu erwartende Verfolgung unterrichtet, weil Jesu Ankunft unmittelbar bevorsteht (1Thess 3,3-4). Zusätzlich spricht gegen die Echtheit des Wortes, daß eine extreme Verfolgungssituation bzw. eine Flucht der Jünger zur Zeit des Lebens Jesu schwerlich denkbar wäre.

Mk 13,30

> »Wahrlich, ich sage euch: Dieses Geschlecht wird nicht vergehen, bis dies alles geschieht.«

Erläuterung

Das Wort ist eng mit dem Spruch Mk 9,1 verwandt (s. oben S. 62-65) und könnte auf dessen Grundlage von Markus selbst für Jesu Rede von den letzten Dingen (Mk 13,5-37) zurechtgemacht worden oder unabhängig als Terminwort hier eingefügt worden sein. Das Datum des Eintritts des Endes ist dem Spruch zufolge das Ableben der ersten Generation, wobei erste Todesfälle die Gemeinde zu einer Modifikation der Naherwartung veranlaßt haben dürften: Obgleich mehrere Christen das Ende nicht erlebt haben, wird die erste Generation trotzdem für das Kommen des Menschensohnes Zeuge sein. Das hier vorliegende Phänomen, daß das Nicht-sterben-Müssen wenigstens von einigen der ersten Generation ausgesagt wird, erklärt sich am plausibelsten so: Ursprünglich herrschte die Erwartung vor, die erste Generation in ihrer Gesamtheit werde das Ende der Zeit erleben.

Historischer Ertrag

Das Wort spiegelt eine Verzögerung der Endereignisse wider. Jesus hat demgegenüber die endgültige Ankunft des Gottesreiches in der unmittelbaren Zukunft erwartet. Der Spruch Mk 13,30 ist daher mit Sicherheit unecht.

Joh 21,22-23

(22) (Jesus sagt zu Petrus über den Lieblingsjünger:) »Wenn ich will, daß er bleibt, bis ich komme, was geht es dich an?«

(23a) Da kam unter den Jüngern die Rede auf: »Dieser Jünger stirbt nicht.«

(23b) Aber Jesus hatte nicht zu ihm gesagt: »Er stirbt nicht«, sondern: »Wenn ich will, daß er bleibt, bis ich komme, was geht es dich an?«

Erläuterung
V. 23a berichtet von der Erwartung, daß der Lieblingsjünger bis zur Parusie Jesu leben werde. Als er dann trotzdem starb, ohne daß Jesus zuvor wiedergekommen war, wurde in seiner Gemeinde folgende Lösung erdacht: Jesus habe nicht gesagt, der Lieblingsjünger sterbe nicht, sondern lediglich gefragt, was es Petrus angehe, wenn er das wollte (V. 22 und V. 23b). Das heißt, die Korrektur des Irrtums geschieht durch eine Uminterpretation des betreffenden Jesuswortes.

Historischer Ertrag
V. 22 ist kein echtes Jesuswort. Aber auch V. 23a, die frühere, jetzt korrigierte Fassung von V. 22, ist unecht, denn das interpretierte Wort gehört zu den Terminworten, die ein urchristlicher Prophet – nicht Jesus – gesprochen hat.

7. Die Worte Jesu am Kreuz

Mk 15,34

»Mein Gott (aram. *Elohi*), mein Gott (aram. *Elohi*), warum hast du mich verlassen?«

Erläuterung und historischer Ertrag
Die Klage Jesu entspricht wörtlich Ps 22,2 – mit der Ausnahme, daß dort Gott in hebräischer Sprache mit *Eli* angeredet wird, bei Markus jedoch auf aramäisch mit *Elohi*. Obwohl Jesus aramäisch sprach, ist ausgerechnet der Be-

fund, daß bei Markus der Schrei Jesu in seiner aramäischen Fassung gegeben wird, ein Argument gegen seine Historizität: Es ist nämlich ausgeschlossen, daß die römischen Soldaten aus dem aramäisch überlieferten *Elohi* usw. ein Gebet zu Elia herausgehört haben können, wie Mk 15,35 berichtet: »Und einige, die dabeistanden, als sie das hörten, sagten sie: Siehe, er ruft den Elia.«

Andere Zeugen als die Soldaten kommen aber nicht in Betracht, da die Frauen nur von ferne das Sterben Jesu am Kreuz beobachtet haben sollen (Mk 15,40f), wenn dieser Notiz überhaupt historischer Wert zukommt. Schließlich sprechen gegen die Historizität dieses Gebetsrufes Jesu am Kreuz noch zwei andere Gründe: *Erstens* sind widersprüchliche Gebete Jesu am Kreuz überliefert (s. sofort). *Zweitens* entsprang es urchristlichem Bedürfnis, die Kreuzigungsszene mit alttestamentlichen Anleihen auszustatten. Die Psalmen 22; 31 und 69 haben dabei den meisten Stoff geliefert.

Die Lektüre der Leidensgeschichte im Lichte des Psalters hatte eine erbauliche Funktion und diente der Krisenbewältigung: Gottes Sohn, der im Gottesdienst täglich gegenwärtig war, hat den bitteren Kelch des Todes trinken müssen.

Mt 27,46

»Mein Gott (hebr. *Eli*), mein Gott (hebr. *Eli*), warum hast du mich verlassen?«

Erläuterung und historischer Ertrag

Matthäus setzt Mk 15,34 voraus und ändert »Elohi« zu »Eli«. Damit trägt er dem biblischen Befund von Ps 22,2 Rechnung und macht verständlich, warum die römischen Soldaten in dem Ruf Jesu ein Gebet zu Elia haben heraushören können. Eine Historizität dieses Rufes scheidet aus, weil Matthäus als Vorlage den Markus-Bericht verarbeitet hat und nicht Augenzeuge war.

Lk 23,46

»Vater, in deine Hände befehle ich meinen Geist!«

Erläuterung und historischer Ertrag

Dieser Satz entspricht Ps 31,6 und geht auf die frühchristliche Tendenz zurück, die Passion Jesu im Lichte der alttestamentlichen Psalmen zu interpretieren. Er ist unecht.

Lk 23,43

»Wahrlich, ich sage dir: Heute wirst du mit mir im Paradies sein.«

Erläuterung und historischer Ertrag

Der Vers gibt die Antwort Jesu auf die Bitte eines der beiden mit ihm Gekreuzigten wieder (V. 42: »Jesus, gedenke an mich, wenn du in dein Reich kommst!«) und setzt eigentlich die Vorstellung einer Himmelfahrt Jesu vom Kreuz voraus. Offenbar stellt das Wort einen Versuch dar, das

Problem der Parusieverzögerung (s. oben S. 62-65) zu bewältigen: Nicht erst am Ende der Zeiten, wie es die älteste christliche Erwartung erhofft hat, sondern unmittelbar nach dem Tod gelangen Jesu Anhänger in den Himmel. (Wenn Lukas im folgenden Kap. 24 von der Himmelfahrt des Auferstandenen am Ostertag berichtet, hat er den darin liegenden Widerspruch zur Erhöhung Jesu direkt vom Kreuz freilich nicht beachtet.) Ist aber das Wort untrennbar mit dem Problem der Parusieverzögerung verbunden, kann es unmöglich historisch sein.

Joh 19,30

»Es ist vollbracht!«

Erläuterung und historischer Ertrag

Nach der theologischen Konzeption des Johannes ist die Passion Jesu die Vollendung der Sendung des Gottessohnes. Durch den Kreuzestod kehrt er in die Herrlichkeit zurück, die er als der Präexistente von Anbeginn hatte. Johannes kann sogar sagen, daß die Kreuzigung Jesu mit seiner Erhöhung (vgl. 3,14; 8,28) bzw. seiner Verherrlichung (12,23.28; 13,31f; 17,1.5 u.ö.) identisch ist. Dem entspricht, daß Jesus auch am Kreuz ungebrochen und unerschüttert der gebietende Herr bleibt. Aus diesem Grunde verschweigt der Evangelist jeglichen Klageruf der Gottverlassenheit und läßt Jesus statt dessen das triumphierende Wort »Es ist vollbracht!« aussprechen, das seinen Tod als den Sieg Gottes qualifiziert. Das Wort verdankt sich also ausschließlich der christologischen Gesamtkonzeption des Johannes und ist daher eindeutig unecht.

Joh 19,25-27: Die Mutter Jesu und der Lieblingsjünger unter dem Kreuz

> (25) Es standen aber bei dem Kreuz Jesu seine Mutter und die Schwester seiner Mutter, Maria, die Frau des Klopas, und Maria Magdalena. (26) Als nun Jesus die Mutter sieht und bei ihr den Jünger stehen, den er liebhatte, sagt er der Mutter: »Frau, siehe, dein Sohn.«
>
> (27) Danach sagt er dem Jünger: »Siehe, deine Mutter.« Und von der Stunde an nahm der Jünger sie zu sich.

Erläuterung

Angesichts der genauen Aufzählung der Frauen in V. 25, unter denen sich überraschenderweise auch die von den anderen drei Evangelien des Neuen Testaments an dieser Stelle nicht erwähnte Mutter Jesu befindet, fällt es auf, daß V. 26-27 zufolge auch der Lieblingsjünger, von dem vorher gar nicht die Rede war, mit beim Kreuz steht. Das deutet darauf hin, daß Johannes hier ein traditionelles Element, das von der Verbindung zwischen Maria und dem Lieblingsjünger handelte, aber ursprünglich mit dem Tod Jesu nichts zu tun hatte (V. 26-27), dramatisiert hat, indem er es mit den letzten Stunden Jesu in Verbindung brachte.

Historischer Ertrag

Die Szene kann keinen Anspruch auf Historizität erheben. Denn erstens beobachten in Mk 15,40f (Mt 27,55; Lk 23,49) die Frauen das Geschehen am Kreuz *von ferne* und zweitens erscheint in den anderen drei Evangelien weder die Mutter Jesu noch ein Lieblingsjünger zusammen mit den Frauen in der Nähe des Kreuzes.

Anhang zu den Worten Jesu am Kreuz:
Mk 14,32-42:
Jesu Gebet in Gethsemane

(32) Und sie kommen zu einem Garten mit Namen Gethsemane. Und er sagt seinen Jüngern: »Setzt euch hierher, bis ich gebetet habe.«

(33) Und er nahm Petrus und Jakobus und Johannes mit sich und fing an zu zittern und zu zagen (34) und sagt ihnen: »Meine Seele ist betrübt bis an den Tod; bleibt hier und wacht!«

(35) Und er ging ein wenig weiter, warf sich auf die Erde und betete, daß, wenn es möglich wäre, die Stunde an ihm vorüberginge, (36) und sagte: »Abba, Vater, alles ist dir möglich; nimm diesen Kelch von mir; doch nicht, was ich will, sondern was du willst!«

(37) Und er kommt und findet sie schlafend und sagt zu Petrus: »Simon, schläfst du? Vermochtest du nicht, eine einzige Stunde zu wachen? (38) Wachet und betet, daß ihr nicht in Versuchung fallt! Der Geist ist willig; aber das Fleisch ist schwach.«

(39) Und er ging wieder hin und betete und sagte dieselben Worte (40) und kam zurück und fand sie abermals schlafend; denn ihre Augen waren voller Schlaf, und sie wußten nicht, was sie ihm antworten sollten.

(41) Und er kommt zum dritten Mal und sagt ihnen: »Wollt ihr weiter schlafen und ruhen? Es ist genug; die Stunde ist gekommen. Siehe, der Menschensohn wird ausgeliefert in die Hände der Sünder. (42) Steht auf, laßt uns gehen! Siehe, der mich ausliefert, ist nahe.«

Erläuterung und historischer Ertrag

Um den Text recht zu verstehen, müssen wir uns, ebenso wie bei der Erörterung des letzten Gebetsrufes am Kreuz, von dem Vorurteil befreien, hier habe ein gewissenhafter Historiker erzählt. Das ist schon deswegen unmöglich, weil niemand beim Gebetskampf Jesu in Gethsemane anwesend war. Vielmehr will der *erbauliche* Zweck des Ganzen recht gewürdigt sein. Die Geschichte streicht den Gehorsam des Gottessohnes im Gegensatz zu dem Stumpfsinn der Jünger heraus, denn dieser Gottessohn ist der im Kult der Gemeinde gegenwärtige Herr, auf den man sich verlassen will.

Zugleich zeigt eine Parallelüberlieferung zur Gethsemane-Szene, welcher Denkhorizont ihr zugrunde liegt. In Hebr 5,7 heißt es über Jesus Christus, den Sohn Gottes: »Und er hat in den Tagen seines irdischen Lebens Bitten und Flehen mit lautem Schreien und mit Tränen dem dargebracht, der ihn vom Tod erretten konnte; und er ist auch erhört worden, weil er Gott in Ehren hielt.« Dieser Lehrsatz entspringt der Lektüre von alttestamentlichen Psalmen wie Ps 22; 31 und 69, die eine wichtige Quelle auch für die Gestaltung der Gethsemane-Szene und der Passionsgeschichte gewesen sind.

IV

Unechte Taten Jesu

1. Jesus setzt das Abendmahl ein

1Kor 11,23-26

(23) Ich habe nämlich vom Herrn empfangen, was ich euch übergeben habe: Der Herr Jesus in der Nacht, da er verraten wurde, nahm das Brot (24) und dankte und brach es und sagte: »Dies ist mein Leib für euch. Dies tut zu meinem Gedächtnis.« (25) Ebenso auch den Kelch nach dem Mahl und sagte: »Dieser Kelch ist der neue Bund in meinem Blut. Dies tut, sooft ihr trinkt, zu meinem Gedächtnis.« (26) Denn sooft ihr von diesem Brot eßt und aus dem Kelch trinkt, verkündet ihr den Tod des Herrn, bis er kommt.

Erläuterung

Vorbemerkung: Abweichend vom bisherigen Vorgehen ist oben kein Text aus den Evangelien, sondern eine Passage aus den Paulusbriefen abgedruckt. Diese sind nämlich rund eine Generation älter als das älteste Evangelium (= Markus). Das Alter des obigen Textes erhöht sich noch durch den Befund, daß Paulus eingangs feststellt, die folgende Überlieferung vom »Herrn« selbst erhalten zu haben. Das heißt konkret: Die Mitglieder der von ihm einst verfolgten Gemeinde, in der er im neuen Glauben heimisch wurde, haben ihm das hier mitgeteilte Traditionsstück überliefert. Es galt als Wort des »Herrn«, weil es einen immer wiederholten Brauch begründete und weil der »Herr« selbst im Ritus des Essens und Trinkens gegenwärtig war.

Das Verhältnis der Abendmahlstexte zueinander: Die Einsetzung des Abendmahls als Kult findet sich neben 1Kor 11 noch Mk 14,22-25; Mt 26,26-29 und Lk 22,15-20. Matthäus hat im wesentlichen den Text des Markus übernommen und kann daher im folgenden unberücksichtigt bleiben.

Die lukanische Fassung der Einsetzungsworte ist umfangreicher als die bei Markus. In ihr wird der apokalyptische Ausblick von Mk 14,25 mit dem Kelchwort vorangestellt (Lk 22,17-18). Darauf folgt in enger Übereinstimmung mit dem oben zitierten Bericht des Paulus das Stück mit dem Brot- und Kelchwort (Lk 22,19-20). Wahrscheinlich setzt die lukanische Fassung sowohl den Bericht des Markus als auch die Paulustradition voraus. Das bedeutet: Um zum ältesten Text der Einsetzungsworte des Abendmahls vorzustoßen, muß das Verhältnis des bei Paulus erhaltenen Textes zu Mk 14,22-25 bestimmt werden.

Mk 14,22-25

> (22) Und als sie aßen, nahm er ein Brot, sprach den Segen und brach es und gab es ihnen und sagte: »Nehmt, *dies ist mein Leib*.«
>
> (23) Und er nahm einen Kelch, sprach den Dank und gab ihn ihnen, und sie tranken alle daraus. (24) Und er sagte zu

> ihnen: »*Dies ist mein Blut* des Bundes, das für viele vergossen wird.
>
> (25) Wahrlich, ich sage euch: Ich werde nicht mehr von dem Gewächs des Weinstocks trinken bis zu dem Tage, an dem ich es aufs neue trinke im Reich Gottes.«

Markus gibt die Einsetzungsworte – anders als Paulus, der sie unsymmetrisch formuliert – parallel wieder: »dies ist mein Leib« (V. 22); »dies ist mein Blut« (V. 24). An diesem Punkt sind die Einsetzungsworte des Paulus älter, weil sie die schwierigere Fassung darstellen (in ihr entsprechen Leib und Bund einander).

Sowohl der Text des Markus als auch der des Paulus enthalten ein Element, das der ursprünglichen Überlieferung erst später hinzugewachsen sein dürfte. Mk 14,25 (s. dazu unten S. 87) ist ein endzeitlicher Ausblick Jesu, der mit seiner Gabe von Brot und Wein nichts zu tun hat. Mit 1Kor 11,26 blickt die Gemeinde auf das (Wieder-)Kommen Jesu vom Himmel.

An anderer Stelle, nämlich beim doppelten Wiederholungsauftrag (»dies tut zu meinem Gedächtnis«) in V. 24 und V. 25, scheint der Paulustext jüngeren Datums als der Markustext zu sein. Denn in ihm werden liturgische Einflüsse sichtbar, die erst sekundär hinzugewachsen sein dürften. Im ganzen ist aber der Unterschied zwischen der Kultformel bei Markus und Paulus nicht allzu groß, so daß beide zugrunde gelegt werden können, wenn im folgenden der Gehalt des Einsetzungsberichtes ermittelt wird.

Zu diesem Zweck sei gefragt: Wie haben die ersten Leser die Texte 1Kor 11,23-25 und Mk 14,22-25 verstanden? Zweifellos so, daß sie in ihnen einen Bericht von der Einsetzung des Abendmahls wiederfanden, das sie allsonntäglich feierten und bei dem sie den Leib und das Blut des Herrn Jesus empfingen. Dieser »Genuß« wurde auf vielfältige Weise gedeutet und im Extremfall wörtlich im Sinne des Verzehrs von realem Fleisch verstanden. Vgl. die Interpretation des Abendmahls in Joh 6,51b-58, besonders V. 54-56, wo Jesus sagt:

> »(54) Wer mein Fleisch zerkaut und mein Blut trinkt, hat ewiges Leben, und ich werde ihn auferwecken am letzten Tag. (55) Denn mein Fleisch ist wahre Speise, und mein Blut ist wahrer Trank. (56) Wer mein Fleisch zerkaut und mein Blut trinkt, bleibt in mir und ich in ihm.«

Andere, wie Paulus, deuten den »Genuß« als Verkündigung des Todes Jesu bis zu seinem Kommen vom Himmel (s. oben zu 1Kor 11,26). In jedem Fall steht fest: Der Sinn des Abendmahles war gebunden an die Situation *nach* Tod und »Auferstehung« Jesu, in der sowohl das eine als auch das andere als Heilsereignis galt.

Historischer Ertrag

Wenn aber feststeht, daß nach dem Bericht des Paulus und des Markus (das gleiche gilt wohl auch für die Berichte des Matthäus und des Lukas) Jesus das erste Abendmahl mit seinen Jüngern gefeiert hat, bei dem er ihnen seinen Leib und sein Blut austeilte und bei dem sie symbolisch, wirklich oder wie auch immer seinen Leib aßen und sein Blut tranken, dann steht damit zugleich die Unhistorizität der so beschriebenen Einsetzung des Abendmahls fest. Die Jünger können doch gar nicht Jesu Leib gegessen und sein Blut getrunken haben, denn zum Zeitpunkt der Einsetzung des

Abendmahls war Jesus noch gar nicht gestorben, und von einem Heilsertrag seines Todes oder gar seiner Auferstehung hatte er nichts gesagt. Abgesehen davon war den Juden der Genuß von Blut strengstens verboten.

Demgegenüber gewinnen die Abendmahlstexte ihren Sinn, wenn sie von der liturgischen Praxis der ältesten Gemeinde aus gelesen werden.

2. Jesus vollbringt Naturwunder

Vorbemerkung: Unter Naturwundern seien all diejenigen Taten Jesu verstanden, die unmittelbar in das Naturgeschehen eingreifen und Naturgesetze durchbrechen.

Mk 4,35-41:
Jesus stillt den Sturm

(35) *Und er sagt zu ihnen an jenem Tag, als es Abend geworden war: »Laßt uns hinüberfahren an das andere Ufer.«* (36) *Und sie entließen die Volksmenge und nahmen ihn mit, wie er im Boot war. Und andere Boote waren mit ihm.*

(37) Und es erhob sich ein großer Sturm. Und die Wellen schlugen in das Boot, so daß sich das Boot schon füllte. (38) Und er war auf dem Heck und schlief auf dem Sitzkissen.

Und sie wecken ihn und sagen zu ihm: »Lehrer, kümmert es dich nicht, daß wir zugrunde gehen?«

(39) Und wach geworden, gebot er dem Sturm und sagte zum Meer: »Schweige, verstumme!«

Und der Sturm legte sich, und es geschah eine große Stille.

(40) *Und er sagte zu ihnen: »Was seid ihr so furchtsam? Habt ihr noch keinen Glauben?«*

(41) Und große Furcht überfiel sie, und sie sagten zueinander: »Wer ist denn dieser, daß auch der Sturm und das Meer ihm gehorchen?«

Erläuterung

Markus, dessen Eingriffe in die ihm vorliegende Überlieferung in der Übersetzung kursiv gesetzt sind, betont mit dieser Erzählung, daß Jesus mit seinem Wort die Naturgewalten zur Ruhe bringt. Auf die Gegenwart und Nähe des Reiches Gottes im Wort bzw. der Lehre Jesu hatte der Verfasser bereits vorher abgehoben (vgl. 1,14f; 4,1-34) und später wiederholt die Vollmacht der Lehre Jesu betont. Die Gegenwart Jesu – so will Markus durch V. 40 zusätzlich sagen – wird durch den Glauben erfaßt, obgleich die Jünger die Gegenwart des Reiches Gottes in Jesu Wort nicht recht begreifen. Markus spricht seine Leserschaft auf diesen ihren Glauben an.

Die Geschichte erzählt ein Naturwunder, das die typischen Elemente der Bedrohung durch das Wort (V. 39) und der Schilderung des Eindrucks aufweist (V. 41). Die Dramatik wird dadurch gesteigert, daß nicht nur eine große Gefahr durch den Sturm besteht, sondern daß ausgerechnet derjenige schläft und nichts tut, der allein helfen könnte.

Historischer Ertrag

Das neuzeitliche Weltbild hat für dieses sogenannte Naturwunder keinen Raum, und ein Weltbild kann man nicht wie einen Anzug nach Belieben wechseln: Der Versuch, sich ins antike Weltbild zurückzuflüchten, nur weil dieses in der Bibel vorausgesetzt wird, ist ein in jeder Hinsicht verfehltes Unternehmen. Jesus hat keinen Sturm gestillt, auch wenn die frühen Christen es sich erwünscht und daraus ein historisches Ereignis gemacht haben.

Mk 6,35-44:
Jesus vermehrt wunderbar Brote und Fische

(35) Und als die Stunde schon vorgerückt war, traten seine Jünger zu ihm und sagten: »Einsam ist der Ort und die Stunde schon vorgerückt. (36) Entlasse sie, damit sie in die umliegenden Ortschaften und Dörfer gehen und sich etwas zu essen kaufen!«

(37) Er aber antwortete und sagte zu ihnen: »Gebt ihr ihnen zu essen!«

Und sie sagen zu ihm: »Sollen wir fortgehen und für zweihundert Denare Brote kaufen und ihnen zu essen geben?«

(38) Er aber sagt ihnen: »Wieviele Brote habt ihr? Geht, seht!«

Und sie stellen es fest und sagen: »Fünf – und zwei Fische.«

(39) Und er gebot ihnen, sich alle in Tischgruppen auf dem grünen Gras zu lagern. (40) Und sie setzten sich, die Gruppen wie Gartenbeete, zu hundert und zu fünfzig.

(41) Und er nahm die fünf Brote und die zwei Fische und blickte in den Himmel und dankte und brach die Brote und gab sie seinen Jüngern, damit sie sie ihnen vorlegten, und die zwei Fische teilte er unter sie alle. (42) Und es aßen alle und wurden gesättigt, (43) und sie hoben die Brocken auf, zwölf Körbe voll auch von den Fischen. (44) Und es waren fünftausend Männer, die aßen.

Erläuterung

Markus hat eine ihm überlieferte Geschichte fast unverändert wiedergegeben. Er erzählt sie in ähnlicher Weise später noch einmal (Mk 8,1-9) – ein Beleg dafür, wie wichtig ihm das Wunder der Brotvermehrung war.

Die Erzählung hat einen für eine Wundergeschichte typischen dreigliedrigen Aufbau:

Erstens stellt sie die Not der Anwesenden dar und ihren Mangel an Nahrungsmitteln (V. 35-38); *zweitens* berichtet sie von der Behebung der Not durch Jesus, der wunderbarerweise mit dem Wenigen, das vorhanden ist, so viele sättigt (V. 39-42); *drittens* bestätigt die Menge der übriggebliebenen Reste (V. 43), mit der die übergroße Zahl der Gespeisten verglichen wird (V. 44), die Großartigkeit des Wunders.

Der Erzähler betont: Hier vollzog sich ein unerhörtes Wunder, das sogar protokolliert wurde. Die Jünger stellten nämlich eingangs fest, nur fünf Brote und zwei Fische zu besitzen. Als aber alle gesättigt waren, da blieb viel mehr übrig, als man zu Anfang zur Verfügung hatte: zwölf Körbe voll mit Brotstücken und Fischen.

Historischer Ertrag

Die wunderbare Vermehrung von Brot und Fischen hat nicht stattgefunden. Die Berufung der frühen Christen auf diese und ähnliche Machttaten ihres »Herrn« entsprang reinem Wunschdenken. Dies gilt auch angesichts des Befundes, daß heute wieder Theologen in allem Ernst versuchen, die Wunder der Bibel durch den – an sich berechtigten –

Hinweis auf die prinzipielle Offenheit des modernen physikalischen Weltbildes zu retten.

Mt 21,18-19:
Jesus verflucht einen Feigenbaum

> (18) Als er (Jesus) aber am Morgen wieder in die Stadt ging, hungerte ihn. (19) Und er sah einen Feigenbaum am Wege, ging zu ihm hin und fand nichts daran als nur Blätter. Und er sagt zu ihm: »Nie mehr soll Frucht von dir kommen in Ewigkeit!« Und sogleich verdorrte der Feigenbaum.

Erläuterung

Matthäus erzählt die Geschichte von der Verfluchung des Feigenbaums unter Verarbeitung von Mk 11,12-14.20-21. Gegenüber der Markus-Vorlage steigert er das Wunder noch: Der schuldige Baum verdorrrt, kaum daß Jesus ihn verflucht hat. Bei Markus liegt dagegen zwischen dem Fluchwort und dessen Erfüllung ein ganzer Tag. Daß Matthäus an der Steigerung des Wunders gelegen war, geht auch aus den Versen hervor, die er an die Geschichte von der Verfluchung des Feigenbaums angeschlossen hat. »Jesus« antwortet hier in großer Kühnheit auf die Frage der Jünger, warum der Feigenbaum sofort verdorrt sei:

> »(21) ... Wahrlich, ich sage euch: Wenn ihr Glauben habt und nicht zweifelt, so werdet ihr nicht nur tun, was dem Feigenbaum widerfahren ist, sondern auch, wenn ihr zu diesem Berge sagt: Hebe dich empor und wirf dich ins Meer!, so wird es geschehen. (22) Und alles, worum ihr im Gebet bittet, werdet ihr empfangen, wenn ihr glaubt.«

Historischer Ertrag

Jesus hat niemals einen Feigenbaum (im wörtlichen Sinne) verflucht. Falls der Feigenbaum von Matthäus in Anlehnung an Markus als Metapher für Israel angesehen wurde, so ist auch hier ein negatives historisches Urteil fällig. Jesus hat Israel niemals verflucht, sondern die Verdammung in der Markus-Vorlage (Mk 11,14) und andere entsprechende Aussagen bei Matthäus (vgl. oben S. 35-44) gehen auf die Anschauung von christlichen Gemeinden nach Tod und »Auferstehung« Jesu zurück. Ihre Mitglieder nahmen im Kampf gegen nichtchristliche Juden zu diesen schlimmen Verurteilungen Zuflucht und legten sie kurzerhand Jesus in den Mund.

V

Echte Worte Jesu

1. Seligpreisungen

Lk 6,20b-21

»(20b) Selig sind die Armen, denn euch gehört das Reich Gottes.

(21) Selig sind die jetzt Hungernden, denn ihr werdet gesättigt werden.

Selig sind die jetzt Weinenden, denn ihr werdet lachen.«

Erläuterung

Armut, Hunger und Leid stellen für den Sprecher dieser Worte keine positiven Eigenschaften dar. Aber Gott wendet das Schicksal der Armen, Hungernden und Weinenden bald zum Guten entsprechend den Hoffnungen eines Königsideals, wie es in Ps 72 ausgedrückt ist:

(4) Der König »soll den Elenden im Volk Recht schaffen und den Armen helfen und die Bedränger zermalmen ...

(12) Er wird den Armen erretten, der um Hilfe schreit, und den Elenden, der keinen Helfer hat. (13) Er wird gnädig sein den Geringen und Armen, und den Armen wird er helfen.«

Das kommende Königreich, dessen Ansage nur Sinn macht, wenn die Not in naher Zukunft umgewandelt wird, ist mit der Erwartung eines Festessens verbunden.

Historischer Ertrag

Jesus hat diese Seligpreisungen ausgesprochen. Dieses Urteil beruht zum einen auf dem *Wachstumskriterium*: Die Seligpreisungen bilden im Matthäusevangelium eine viel längere Reihe und bestehen dort aus zehn Einzelmakarismen (Mt 5,3-12). Sodann kommt auch das *Differenzkriterium* zum Tragen: a) Wenn in den Seligpreisungen bei Matthäus (vgl. ähnlich Lk 6,22) von Schmähung und Verfolgung die Rede ist (V. 11-12), sind sie auf die Situation der nachösterlichen Gemeinde zugespitzt. b) Zusätzlich spiritualisiert Matthäus die Seligpreisungen, indem er die Armen zu Armen *im Geist* macht die Hungernden als *nach Gerechtigkeit* hungernd und dürstend interpretiert (vgl. Mt 5,3.6). Hieraus geht hervor: In der ältesten Gemeinde wurden die konkreten materiellen Verheißungen Jesu im übertragenen Sinn gedeutet. Der Grund dafür liegt in ihrer Radikalität und Anstößigkeit. Außerdem erkannten Christen zunehmend, daß die Ankunft der Gottesherrschaft, welche endlich die versprochenen Umkehrungen bringen sollte, sich immer mehr verzögerte.

2. Eschatologisches Abendmahlswort

Mk 14,25

> »Wahrlich, ich sage euch: Ich werde nicht mehr von dem Gewächs des Weinstocks trinken bis zu dem Tage, an dem ich es aufs neue trinke im Reich Gottes.«

Erläuterung

Dieses Wort ist sekundär an den Einsetzungsbericht des Abendmahls angehängt (s. oben S. 77). Jesus drückt in ihm die Erwartung aus, erst im Reich Gottes, dessen Bild als Festessen auch hier zugrunde liegt, wieder Wein zu trinken. Das Wort ist damit zugleich eine Art Todesprophetie, die sich über Jesu zukünftiges Verhältnis zu seinen Jüngern nicht äußert.

Historischer Ertrag

Das *Differenzkriterium* spricht für die Echtheit dieses Wortes. Dieser Spruch ist schwerlich in der frühen Gemeinde entstanden, denn Jesus übt in ihm keine besondere Funktion für die Gläubigen beim unmittelbar bevorstehenden Festessen im Himmel aus. Allein Jesu Erwartung des zukünftigen Reiches Gottes steht im Mittelpunkt, nicht dagegen Jesus als Retter, Richter oder Fürsprecher.

3. Die Bitte um das Kommen der Gottesherrschaft in der Zukunft

Mt 6,10/Lk 11,2

»Dein Reich komme.«

Erläuterung

Das Gebet um das Kommen des Reiches ist die zweite Bitte des Vaterunsers, das als jüdisches – nicht als christliches – Gebet die Sympathie jedes Juden findet. Mag der jesuanische Urprung des Gesamtgebetes auch strittig bleiben, so wurzelt die zweite Bitte doch sicher in Jesu Verkündigung, wenn sie auf ein unmittelbar bevorstehendes Eingreifen Gottes bezogen werden darf.

Historischer Ertrag

Die zweite Bitte des Vaterunsers, zugespitzt auf das bald anbrechende Ende der Welt, ist ein echtes Jesuswort. Sie zielt im Einklang mit der Grundstruktur der Verkündigung Jesu auf ein zukünftiges Reich (*Kohärenzkriterium*). Die Wendung vom Kommen des Reiches ist relativ neu bei Jesus (*Seltenheitskriterium*). Sie tritt an die Stelle der Rede vom Kommen Gottes, wie sie sich beispielsweise im Alten Testament findet (vgl. z.B. Jes 35,4: »Sagt den verzagten Herzen: Seid getrost, fürchtet euch nicht! Seht, da ist euer Gott! Er kommt zur Rache; Gott, der da vergilt, kommt und wird euch helfen«). Urchristliche Erwartung richtete sich dagegen auf das Kommen des Herrn (vgl. 1Kor 11,26;

16,22), so daß sich die zweite Vaterunser-Bitte aus den ältesten Gemeinden nicht ableiten läßt (*Differenzkriterium*).

Mt 19,28

»Wahrlich, ich sage euch: Ihr, die ihr mir nachgefolgt seid, werdet bei der Wiedergeburt (= Totenauferstehung), *wenn der Menschensohn sitzen wird auf dem Thron seiner Herrlichkeit*, auch sitzen auf zwölf Thronen und richten die zwölf Stämme Israels.«

Erläuterung

Das Wort ist ein Einzellogion, das Matthäus in seinen im Anschluß an Mk 10,28-30 (= Mt 19,27.29) entworfenen Text zur Lohnverheißung an alle Nachfolger eingeschoben hat. Es verspricht den zwölf Jüngern in der nahen Zukunft das Gericht über das Haus Israel, wobei der oben im Text kursiv gesetzte Halbsatz wegen seiner weitgehenden Übereinstimmung mit Mt 25,31 wohl auf Matthäus zurückgeht.

In Lk 22,28-30 findet sich ein ähnliches Wort, das aber wahrscheinlich nicht zusammen mit Mt 19,28 auf Q zurückzuführen ist, sondern ebenfalls der mündlichen Überlieferung entstammt. Es lautet: »(28) Ihr aber seid es, die ihr ausgeharrt habt bei mir in meinen Anfechtungen. (29) Und ich will euch das Reich zueignen, wie mir es mein Vater zugeeignet hat, (30) daß ihr essen und trinken sollt an meinem Tisch in meinem Reich und sitzen auf Thronen und richten die zwölf Stämme Israels.«

Historischer Ertrag

Auf den ersten Blick sieht das Logion wie ein Produkt des »Auferstandenen« aus. Denn es ist hochfliegend in seiner Zukunftsvision, wenn man bedenkt, daß es zur Zeit Jesu von den zwölf Stämmen Israels nur noch zwei gab: Juda und Benjamin. Die anderen zehn waren 700 Jahre vorher von den Assyrern planmäßig zerrieben worden.

Andererseits ist Phantastik noch kein hinreichendes Kriterium für historische Urteile. Und vieles spricht für die Echtheit dieses Wortes: *Erstens* ist es eng verbunden mit der Konzeption des Zwölferkreises. Wenn seine Gründung wirklich auf Jesus zurückgeht (s. unten S. 114f), gibt das Logion Aufschluß darüber, welchen Sinn Jesus mit dem Zwölferkreis verbunden hat: die zwölf Stämme Israels zu symbolisieren und ihre Wiederherstellung in der nahen Zukunft vorauszusagen. *Zweitens* hilft dieses Wort, die jüdische Seite Jesu besser zu verstehen (*Kohärenzkriterium*) und seine Zukunftsaussagen zu präzisieren. Für die Echtheit des Wortes sprechen somit neben dem genannten Kohärenzkriterium das *Differenzkriterium* (das Logion ist nicht aus den frühen Gemeinden abzuleiten) und das *Seltenheitskriterium* (nur wenige hatten damals den Mut, an die Wiederherstellung der zwölf Stämme Israels zu glauben).

4. Die Gegenwart des Gottesreiches in der Erfahrung und Kraft Jesu

Lk 10,18

»Ich sah den Satan wie einen Blitz aus dem Himmel fallen.«

Erläuterung

Der Spruch findet sich nur im Lukasevangelium und beschreibt die Reaktion Jesu auf die Rückkehr der 70 Jünger, deren Aussendung durch Jesus in Lk 10,1-12 beschrieben wurde. Auf ihre Nachricht hin, daß ihnen in Jesu Namen selbst die Dämonen untertan sind, folgt Jesu Wort: »Ich sah den Satan wie einen Blitz aus dem Himmel fallen.«

Das Wort erweckt den Eindruck eines Fragments, denn Wunder der Jünger und Vision Jesu passen schwerlich zusammen, eher schon Vision Jesu und *seine* daraus folgende Wunderkraft. Gleichzeitig ist der Spruch darin einzigartig, daß nur in ihm Jesus als Visionär erscheint.

Im Judentum zur Zeit Jesu wurde die Überwindung des Satans von der *Zukunft* erwartet. Man vgl. die Himmelfahrt des Mose 10,1: »Und dann wird Gottes Herrschaft über seine ganze Schöpfung erscheinen, und dann wird der Satan nicht mehr sein, und die Traurigkeit wird mit ihm hinweggenommen sein.« Dem Sprecher des Verses Lk 10,18 zufolge ist im Himmel bereits eingetreten, was in der jüdischen Tradition noch erwartet wurde.

Historischer Ertrag

Der Spruch ist echt, denn er läßt sich nicht aus dem Urchristentum ableiten (*Differenzkriterium*). Dort hat man Jesus selbst den Sieg über den Satan zugeschrieben (vgl. Joh 12,31; Offb 12,7). Gleichzeitig kommt das *Kohärenzkriterium* zum Tragen, denn Jesus hat, allgemein gesagt, intimen Kontakt zum Teufel und zu den ihm untergebenen Dämonen. Ein legendärer Nachhall dieser oft übersehenen Seite Jesu findet sich in den Versuchungsgeschichten (Mk 1,12-13; Mt 4,1-11 = Lk 4,1-13) und in den zahlreichen Berichten von Begegnungen Jesu mit Dämonen, die seine Nähe geradezu wittern (vgl. nur Mk 5,1-20; Lk 13,32). Ebenso läßt sich das *Seltenheitskriterium* anführen, denn die dem Spruch zugrundeliegende Vorstellung eines bereits geschehenen Satanssturzes war im damaligen Judentum recht selten (vgl. demgegenüber das im Abschnitt »Erläuterung« gegebene Beispiel aus der Himmelfahrt des Mose). Das Ende der Herrschaft des Teufels ist die tragende Glaubensüberzeugung des religiösen Lebens Jesu.

Lk 11,20/Mt 12,28

> »Wenn ich aber durch den Finger (Mt: Geist) Gottes die Dämonen austreibe, ist das Reich Gottes zu euch gekommen.«

Erläuterung

Das Logion stammt aus Q, wobei »Finger Gottes« – statt »Geist Gottes« – sicher die ursprüngliche (Q-)Lesart wiedergibt. Denn einerseits dürfte die matthäische Fassung durch den Kontext bedingt sein, in dem ebenfalls vom Geist Gottes die Rede ist (vgl. Mt 12,18 = Jes 42,1; Mt 12,32). Und andererseits wäre es für Lukas angesichts der Bedeutung des Geistes in seinem Doppelwerk (Evangelium und Apostelgeschichte) undenkbar gewesen, diesen Begriff zu streichen. Mit »Finger Gottes« wird auf die Wunder des Mose vor dem Auszug aus Ägypten angespielt (Ex 8,15). Die ägyptischen Zauberer erkennen hier die Überlegenheit des Mose mit den Worten an: »Das ist der Finger Gottes.«

Historischer Ertrag

Die auf das Logion Lk 10,18 (s. oben) zutreffenden Kriterien der Echtheit sind auch für das vorliegende Wort in Anschlag zu bringen. Der berühmteste Neutestamentler dieses Jahrhunderts, Rudolf Bultmann (1884–1976), meinte, das vorliegende Wort könne den höchsten Grad an Echtheit beanspruchen, das für ein Jesuswort angenommen werden dürfe. Es sei getragen von dem endzeitlichen Kraftgefühl, das das Auftreten Jesu bestimmt haben müsse.

In seiner Wirksamkeit setzt Jesus den Sturz des Satans voraus. Seine Exorzismen machen das für ihn evident. Die Flucht der Dämonen ist ein Zeichen dafür, daß die Macht des Bösen überwunden ist, auch wenn eine endgültige Zerstörung der bösen Mächte erst im unmittelbar bevorstehenden Endgericht stattfinden wird. Gleichzeitig gilt: Die Gottesherrschaft ist schon angekommen, denn die Dämonenaustreibungen ereignen sich bereits in der Gegenwart ständig, da die Herrschaft Gottes, irreversibel und für alle sichtbar, Platz greift.

Mk 3,27

»Niemand kann in das Haus des Starken hineingehen und seinen Hausrat rauben, wenn er nicht zuerst den Starken bindet; und dann wird er sein Haus ausrauben.«

Erläuterung und historischer Ertrag

Der Spruch bringt zum Ausdruck: Der Starke muß erst überwunden sein, ehe man sein Haus ausplündern kann. Darf man diesen Satz auf Jesu Kampf mit dem Satan beziehen, so bedeutet dies: Erst wenn der Teufel besiegt ist, kann Jesus erfolgreich die Dämonen austreiben. Insofern bedingen Sieg über den Satan und Austreibung der Dämonen einander. Beides hat sich im Wirken Jesu ereignet (*Kohärenzkriterium*), so daß das Logion Mk 3,27 als echt anzusehen ist.

Mk 8,33

Er [Jesus] bedrohte Petrus und sagt: »Tritt hinter mich, Satan, denn du denkst nicht das Göttliche, sondern das Menschliche!«

Erläuterung

Das »Satanswort« steht in einem Abschnitt (Mk 8,27-33), der die erste Leidens- und Auferstehungsankündigung Jesu enthält (V. 31) und zuvor Petri Bekenntnis Jesu als des Christus erzählt hatte (V. 29). Als Petrus aber Jesus wegen seiner Leidensweissagung (V. 32) bedroht, redet Jesus seinen ersten Jünger als Satan an.

Historischer Ertrag

Für die Echtheit dieses Satanswortes Jesu spricht, daß es einen hohen Grad von Anstößigkeit besitzt (*Anstößigkeitskriterium*). Immerhin war Petrus nach dem Tod Jesu der Leiter der Urgemeinde und auch während des Lebens Jesu sein erster Jünger. Die Anstößigkeit wird ferner darin sichtbar, daß dieser Vers in der Lukas-Parallele ausgelassen wird (vgl. Lk 9,22). Matthäus überliefert das Wort zwar (Mt 16,23), relativiert es aber durch das zuvor nur bei ihm stehende Stück vom Bau der Kirche auf Petrus (Mt 16,17-19). Der unmittelbare Anlaß für dieses Satanswort bleibt allerdings dunkel und dürfte *gegen* den Markus-Bericht nicht die Leidensweissagung Jesu sein, da diese von Markus redaktionell eingesetzt wurde. Immerhin bestärkt das Satanswort den Eindruck, daß Jesus seit Beginn seines Auftretens mit dem Teufel intimen Kontakt hatte (*Kohärenzkriterium*). Dies geht ja aus den oben untersuchten echten Worten Lk 10,18 und Lk 11,20/Mt 12,28 eindeutig hervor.

5. Gegenwart und Zukunft des Gottesreiches in den Gleichnissen Jesu

Mk 4,26-29: Das Gleichnis von der selbstwachsenden Saat

(26) Und er sagte: »Mit dem Reich Gottes ist es so, wie wenn ein Mensch Samen auf das Land wirft (27) und schläft und steht auf Tag und Nacht und der Same sprießt und geht in die Höhe, er weiß nicht wie. (28) Von selbst trägt die Erde Frucht, erst Halm, dann Ähre, dann ausge-

wachsenen Weizen in der Ähre. (29) Wenn aber die Frucht es gestattet, so läßt er sofort die Sichel ausgehen, denn die Ernte ist da.«

Erläuterung

Markus hat den Text des Gleichnisses ohne Veränderung überliefert. Das Gleichnis ist am Kontrast zwischen Anfang und Ende orientiert. Seine Pointe steckt in V. 28: Der Same gelangt unter allen Umständen zur Reife – und dies wie von selbst. Das Reich Gottes, ein Terminus technicus der Verkündigung Jesu, setzt sich durch, und zwar bald, wie das Bild von der Ernte am Schluß anzeigt (vgl. Joel 4,13).

Historischer Ertrag

Das Gleichnis geht auf Jesus zurück, denn er selbst ist nicht Gegenstand des Gleichnisses (*Differenzkriterium*). Andererseits ist die gleichnishafte Rede vom Reich Gottes typisch für die Verkündigung Jesu (*Kohärenzkriterium*). Im Gleichnis wird Jesu felsenfestes Vertrauen darauf sichtbar, daß Gott sein Reich, das im Auftreten Jesu bereits gegenwärtig ist, in der unmittelbaren Zukunft endgültig herbeiführen wird.

Mk 4,30-32: *Das Gleichnis vom Senfkorn* (vgl. Mt 13,31-32; Lk 13,18-19)

(30) Und er sagte: »Womit wollen wir das Reich Gottes vergleichen, und durch welches Gleichnis wollen wir es abbilden? (31) Es ist wie ein Senfkorn, wenn das gesät wird auf das Land, so ist es das kleinste unter allen Sa-

menkörnern auf Erden; (32) und wenn es gesät ist, so geht es auf und wird größer als alle Kräuter und treibt große Zweige, so daß die Vögel des Himmels unter seinem Schatten wohnen können.«

Erläuterung

Das Gleichnis betont den Kontrast zwischen Anfang und Ende. Jesus, sein Sprecher, ist der Überzeugung, daß Gott aus den kümmerlichsten Anfängen sein Reich herbeiführen wird, und dies in der unmittelbaren Zukunft, denn das Bild von der Senfstaude in V. 32 ist ein technischer Ausdruck für ein mächtiges Reich, das seinen Untertanen Schutz gewährt (vgl. Dan 4,9).

Historischer Ertrag

Das Stück enthält die gleiche Botschaft wie das Gleichnis von der selbstwachsenden Saat (s. oben) und ist echt (*Differenz-* und *Kohärenzkriterium*).

Die gleiche Botschaft enthält, wenn auch ohne expliziten Ausblick auf das Ende, das Gleichnis vom Sauerteig, das hier ohne Erläuterung abgedruckt sei:

Lk 13,20-21 (Mt 13,33):
Das Gleichnis vom Sauerteig

(20) Und wiederum sagte er: »Womit soll ich das Reich Gottes vergleichen? (21) Es gleicht einem Sauerteig, den eine Frau nahm und unter drei Sat Mehl mengte, bis es ganz durchsäuert war.«

6. Jesus verschärft das Gesetz

Mk 12,17

»Was dem Kaiser gehört, gebt dem Kaiser,
und was Gott gehört, (gebt) Gott!«

Erläuterung

Das Wort ist von einer Verschärfung des ersten Gebotes (Ex 20,2f: »Ich bin der Herr, dein Gott ... Du sollst keine anderen Götter haben neben mir!«) geprägt. Auf die Frage, ob dem Kaiser Steuern zu bezahlen seien, fordert es nicht eine radikale Entscheidung zwischen Kaiser und Gott in *allen* Bereichen, wie es die damaligen Widerstandskämpfer der Zeloten auf ihre Fahnen geschrieben hatten. Vielmehr gelte: Dem irdischen Herrscher schuldet man irdische Dinge wie die Steuer, dem himmlischen Herrscher, Gott, schuldet man himmlische Dinge, d. h. wohl Gehorsam, Dienst und Liebe zu ihm sowie zu dem Nächsten.

Historischer Ertrag

Das Wort ist echt, weil es die Tendenz der Gesetzesverschärfung in der Verkündigung Jesu reflektiert (*Kohärenzkriterium*). Gleichzeitig trifft das *Differenzkriterium* zu, weil in diesem Wort die Lehre über Christus fehlt, welche die Zeit nach der »Auferstehung« geprägt hat.

Mt 5,22

> »Wer seinem Bruder zürnt, ist des Gerichts schuldig.«

Erläuterung
Das Wort ist eine Verschärfung des fünften Gebotes (Ex 20,13: »Du sollst nicht töten!«), wobei es aber anders als dieses nicht in der Form eines Verbotes formuliert ist, sondern als Festsetzung einer Schuld.

Historischer Ertrag
Das Logion ist echt, weil es die Tendenz der Gesetzesverschärfung in der Ethik Jesu widerspiegelt und im Judentum selten vorkommt (*Kohärenz-* und *Seltenheitskriterium*).

Mt 5,28

> »Wer eine Frau ansieht, sie zu begehren, der hat schon mit ihr die Ehe gebrochen.«

Erläuterung
Das Wort verschärft das sechste Gebot (Ex 20,14: »Du sollst nicht ehebrechen!«), wobei es aber als Festsetzung einer Schuld und nicht als Verbot formuliert ist.

Historischer Ertrag
Das Logion ist echt und spiegelt die Tendenz der Gesetzesverschärfung in der Ethik Jesu wider.

Mt 5,34a

»Ihr sollt überhaupt nicht schwören!«

Erläuterung
Das Logion entspringt einer Verschärfung des Gesetzes, das den Meineid verbot (Lev 19,12) und die Erfüllung der Gelübde verlangte (vgl. Ps 50,14), ohne das Schwören selbst zum Thema zu machen.

Historischer Ertrag
Das Wort ist echt. Auf es treffen verschiedene Kriterien zu: a) das *Wachstumskriterium*, denn das oben abgedruckte Verbot ist eingebettet in Traditionen, die durchaus einen Schwur oder ein ähnliches Phänomen kennen: V. 36 (»Auch sollst du nicht bei deinem Haupt schwören, denn du vermagst nicht ein einziges Haar weiß oder schwarz zu machen«) und die Beteuerungsformel in V. 37 (»Eure Rede aber sei: Ja, ja; nein, nein«) setzen einen Schwur voraus oder kommen diesem nahe.

b) Aus dem gleichen Grunde gilt das *Differenzkriterium*, um so mehr, als im Urchristentum das absolute Schwurverbot gar nicht festgehalten wurde. Bereits Paulus schwört mehrfach. Vgl. Röm 9,1: »Ich sage die Wahrheit in Christus und ich lüge nicht!«; Gal 1,20: »Was ich euch schreibe, siehe, bei Gott, ich lüge nicht!«

c) Das absolute Schwurverbot kam in der jüdischen Tradition fast nie vor. Insofern trifft das *Seltenheitskriterium* zu.

Mt 5,44a/Lk 6,27

»Liebt eure Feinde!«

Erläuterung

Das Logion verschärft das Gebot der Nächstenliebe (Lev 19,18) und spitzt es auf den Extremfall zu, daß der Feind der Nächste ist.

Historischer Ertrag

Das Wort ist sicher echt, denn es wurde im Urchristentum aufgeweicht (*Differenzkriterium*) und ist innerhalb des Judentums rar (*Seltenheitskriterium*). Gleichzeitig kommt in ihm das *Kohärenzkriterium* zum Tragen, denn es zeigt wiederum die radikale Ethik Jesu.

Mk 10,11-12
(vgl. 1Kor 7,10-11)

»(11) Wer sich scheidet von seiner Frau und heiratet eine andere, der bricht ihr gegenüber die Ehe; (12) und wenn sie sich scheidet von ihrem Mann und heiratet einen anderen, bricht sie ihre Ehe.«

Erläuterung

Das Logion – oft mißverständlich als Verbot der Ehescheidung in Anspruch genommen – verbietet die Wiederverheiratung nach der Trennung. Also existiert die Ehe auch nach der Trennung weiter. Mt 5,32 (»Wer sich von seiner Frau scheidet, es sei denn wegen Unzucht, der macht, daß sie die Ehe bricht; und wer eine Geschiedene heiratet, der bricht die

Ehe«) und 19,9 (»Wer sich von seiner Frau scheidet, außer wegen Unzucht, und heiratet eine andere, der bricht die Ehe«) setzen diese Tradition voraus, erlauben aber die Scheidung bei Unzucht. Das ist zweifellos eine Weiterentwicklung aufgrund von eingetretenen Fällen von Unzucht.

Ob auch V. 12, der die Frau als Initiatorin der Trennung voraussetzt, zum ursprünglichen Wort dazugehört, ist unsicher und mag hier offenbleiben. Im negativen Fall ginge diese Klausel auf Christen des griechisch-römischen Bereichs zurück, denen eine Trennung seitens der Frau geläufiger war als den Christen aus der jüdischen Tradition.

Historischer Ertrag

Das hierin sichtbare *Wachstumskriterium* sowie das *Seltenheitskriterium* (Scheidung war im Judentum eine normale Angelegenheit) und das *Kohärenzkriterium* (Radikalität der Ethik Jesu) erweisen das Wort in seiner einfachen oder doppelten Form als echt.

7. Jesus richtet das Gesetz am Menschen aus

Mk 2,27

> »Der Sabbat ist um des Menschen willen geschaffen und nicht der Mensch um des Sabbats willen.«

Erläuterung

Der Spruch ist an ein Streitgespräch zwischen Jesus und den Pharisäern (Mk 2,23-26) angehängt. Dieses begründet die

Praxis des Ährenraufens der Jünger am Sabbat mit einem alttestamentlichen Beispiel: Auch David und seine Begleiter hätten, als sie Hunger litten, wider das Gesetz Brote aus dem Tempel gegessen. Das sich anschließende, oben zitierte Wort Jesu dagegen sichert die Praxis der Jünger mit einer allgemeinen Maxime ab. Ihm folgt dann noch eine christologische Begründung (V. 28: »Daher ist der Menschensohn Herr über den Sabbat«). Das vorliegende Logion steht also in einer Reihe von drei Aussagen, die die Praxis des Ährenraufens der Jünger am Sabbat begründen.

Historischer Ertrag

Der Vers ist ein jesuanischer Spitzensatz. Denn Jesus interpretiert das Sabbatgebot und damit die Thora insgesamt von der Liebe her, die heilige Überlieferung unter dem Gesichtspunkt, ob sie dem Menschen dient (*Kohärenzkriterium*). Dies hat er eines Tages auf die Kampfesformel von Mk 2,27 gebracht. Es ist kein Wunder, daß sowohl Matthäus als auch Lukas diesen Satz auslassen (*Differenzkriterium*).

Mk 7,15

> »Es gibt nichts, was von außen in den Menschen hineingeht, das ihn unrein machen könnte; sondern was aus dem Menschen herauskommt, das ist es, was den Menschen unrein macht.«

Erläuterung

Das Logion ist rätselhaft, denn es begründet im Kontext des Markusevangeliums, warum die Jünger mit unreinen Händen Brot essen dürfen (Mk 7,5). Das ist verwunderlich, da das Wort selbst Speisegesetze kritisiert und nicht Reinheitsgesetze. Reinheitsvorschriften haben, modern gesprochen, mit Hygiene zu tun und betreffen z.B. menstruierende Frauen, Aussätzige sowie Ausfluß am männlichen Geschlechtsorgan (vgl. Lev 12-15). Speisegesetze beziehen sich auf die Ernährung und regeln den Verzehr von reinen und unreinen Tieren (Lev 11). Das Wort Mk 7,15 ist daher von Haus aus isoliert überliefert und erst nachträglich von Markus in das Textstück eingefügt worden. Er wurde dazu wohl durch die Überlegung veranlaßt, der Verzehr von unreinen Tieren mache den Menschen ebenfalls unrein, so daß das Logion im weiten Sinn als Kritik auch an den Reinheitsgesetzen gelten könne.

Historischer Ertrag

Die Radikalität dieses Wortes ist eng mit der von Mk 2,27 verwandt, indem es eine grandiose Reduktion (diesmal des Speisegesetzes) vornimmt. Für die Echtheit des Wortes spricht zunächst das *Differenzkriterium*, da die Speisegesetze im Urchristentum, wie zahlreiche Belege zeigen (Gal 2,11-15; Apg 10; Apg 15,20 u.ö.), uneingeschränkt galten. Sodann ist das *Seltenheitskriterium* zur Stützung der Echtheit des Wortes in Anschlag zu bringen. Da sich auch andere Äußerungen Jesu durch Radikalität auszeichnen, entspricht das Wort zusätzlich dem *Kohärenzkriterium*.

8. Jesus ruft radikal in die Nachfolge und kommt mit dem Gesetz in Konflikt

Mt 8,22/Lk 9,60

»Laß die Toten ihre Toten begraben.«

Lk 14,26

»Wenn jemand zu mir kommt und haßt nicht seinen Vater, Mutter, Frau, Kinder, Brüder, Schwestern und dazu sich selbst, der kann nicht mein Jünger sein.«

Erläuterung
Die obigen Worte kommen mit dem Gesetz in Konflikt. Denn die Beerdigung von Toten war im Judentum ein Pflichtgebot. Und der Haß gegen die eigene Familie stand in striktem Gegensatz zum vierten Gebot (Ex 20,12: »Du sollst deinen Vater und deine Mutter ehren ...«).

Historischer Ertrag
Beide Sprüche dürften echt sein und sind durch das zerstörte Verhältnis Jesu zu seiner eigenen leiblichen Familie mitzuerklären. Die hielt ihn nach Mk 3,21 nämlich für verrückt und wollte ihn ergreifen. (Lukas und Matthäus lassen diesen anstößigen Satz bezeichnenderweise aus.) Gleichzeitig trifft das *Differenzkriterium* zu, denn aus den urchristlichen Gemeinden mit der möglichen Ausnahme der Q-Gruppe – falls es sie denn gegeben hat – lassen sich die oben zitierten radikalen Sprüche nicht ableiten. Ihr Inhalt mußte sich von selbst erledigen, sobald es christliche Familien gab, und das

war recht schnell der Fall (vgl. die Belege in den paulinischen Briefen).

9. Unmoralische Helden in der Verkündigung Jesu

Vorbemerkung: Dieser Abschnitt stellt, ausgehend von einem Gleichnis aus dem Thomasevangelium, den Ertrag sämtlicher erhaltener Jesusgleichnisse mit unmoralischen Helden, die im Anschluß ohne weiteren Kommentar abgedruckt werden, zusammen und leitet mit Ausführungen über das Leben Jesu zum Kapitel »Echte Taten Jesu« über.

ThEv 98:
Das Gleichnis vom Attentäter

Jesus sagte: »Das Reich des Vaters ist einem Manne gleich, der einen Mächtigen töten wollte. Er zog das Schwert in seinem Haus, er stach es in die Wand, um zu sehen, ob seine Hand stark genug sei. Dann tötete er den Mächtigen.«

Erläuterung und historischer Ertrag

Das Urteil, daß dieses Gleichnis auf Jesus zurückgeht, ist gegründet in der Anstößigkeit der Parabel: Jesus macht einen Mörder zum Helden. Diese Anstößigkeit war wahrscheinlich der Grund dafür, daß das Gleichnis nicht ins Neue Testament aufgenommen wurde, sondern einer moralistischen Zensur zum Opfer fiel.

Aber nicht alle unmoralischen Helden in den Gleichnissen Jesu erlitten dasselbe Geschick. Einige tauchen an anderen Stellen auf. Obwohl zu ihnen nicht Mörder zählen, so finden wir doch einen Kriminellen unter ihnen, der unverantwortlich mit dem Besitz seines Herrn umgeht (den ungerechten Haushalter, Lk 16,1-7); ferner einen selbstsüchtigen Schatzsucher, der seinen Schatz nicht mit anderen teilt (Mt 13,44); erfolgreiche Meisterdiebe (Mt 24,43-44; Lk 12,39) und einen korrupten Richter, der nur deswegen sein Urteil ändert, um seine eigene Sicherheit zu garantieren (Lk 18,2-5).

Aber Jesus machte unmoralische Helden nicht nur zu den Hauptakteuren seiner Gleichnisse. In gewisser Weise war sein eigenes Leben das eines unmoralischen Helden. Gelegentlich übertrat er absichtlich das Sabbatgebot. Er lehrte jene, die ihn hätten lehren sollen. Er forderte andere Menschen dazu auf, diejenigen zu lieben, die sie eigentlich hassen sollten. In der Öffentlichkeit wurde er als Freund der Zöllner und Sünder betrachtet, als ein Fresser und Säufer (Lk 7,34). Das Leben Jesu war nicht das eines Helden, der seinen Weg zum Sieg ohne Hinderung ging; sein Leben war kein solches, das ein *happy end* in Ehre hatte. Jesu Verurteilung, sein Tod am Kreuz und das unmittelbare Scheitern seines Auftretens machten ihn förmlich zum Gegenbild eines Helden. Alle existierenden Werte in Frage und damit auf den Kopf stellend, wurde er ein extrem unmoralischer Gegenheld.

Und vielleicht waren es gerade die anderen unmoralischen Helden, wie Zöllner und Prostituierte, die zu seiner Zuhörerschaft gehörten und die sich selbst, mit allen ihren Stärken und Schwächen, in Jesu Gleichnissen wiedererkannten. Jesus forderte die Frommen seiner Zeit mit seinem Auftreten und seiner Lehre heraus und demaskierte ihre Pseudofrömmigkeit. Denn Gleichnisse mit unmoralischen Helden zu erzählen, war eine bewußte Provokation. Es stellte konventionelle Regeln in Frage und regte dazu an, Dinge von einer anderen Seite zu sehen. Der unmoralische Held war gleichzeitig ein Skandal und ein Modell. Es paßt zu dem unmoralischen Helden Jesus, unmoralische Figuren zu seinen eigenen Helden zu machen.

Ist das Gleichnis aus dem Thomasevangelium eine Aufforderung zu offener Gewalt? Zeigt es Jesus als einen Terroristen? Offensichtlich gibt Jesus in diesem Gleichnis nicht den Rat, wie ein Mord erfolgreich durchgeführt werden kann. Vielmehr reflektiert das Gleichnis eine feste Absicht: die Entschlossenheit des Mörders, seinen Gegner zu töten. Jeder sollte in wichtigen Dingen so unbeirrt handeln wie dieser unmoralische Held.

Zwei Eigenschaften des Mörders stechen hier heraus: *erstens*, er handelt entschlossen und mit Absicht; *zweitens*, er handelt klug und stellt sicher, daß seine Aktion erfolgreich sein wird. Ähnlich ist Jesus an anderer Stelle (Mk 3,27) nicht ängstlich, einen Tip darüber zu geben, wie ein Einbruch erfolgreich durchgeführt werden kann: »Niemand kann in das Haus des Starken hineingehen und seinen Hausrat rauben, wenn er nicht zuerst den Starken bindet; und dann wird er sein Haus ausrauben.« (Vgl. oben S. 94 zum biographischen Hintergrund dieses Wortes im Wirken Jesu.)

Hier ist der Vergleichspunkt wiederum das kluge und zielstrebige Verhalten des Diebes: Das Plündern des Hauses setzt voraus, zunächst einmal den Hausbesitzer zu neutralisieren.

Mit dem Gleichnis vom Attentäter aus dem Thomasevangelium möchte Jesus gegenüber seiner Zuhörerschaft gleichzeitig klarstellen, daß die Herrschaft Gottes mit Sicherheit kommt. Die überlegte und resolute Tat des Mörders entspricht der Entschlossenheit Gottes, sein eigenes Reich zu errichten. Gott wird das durchführen, was er begonnen hat. Das Reich Gottes mag noch nicht hier sein; aber seine Erfüllung kann nicht eingeschränkt oder verzögert werden.

Jedoch bedeutet für Jesus das Reich Gottes zugleich eine Herausforderung für Männer und Frauen. Denn angesichts der unmittelbar bevorstehenden Krise fordert Jesus alle heraus, überlegt und entschlossen zu handeln, die Zeichen der Zeit sowie die eigene Situation zu erkennen und zu wissen, was zu tun ist. Dies ist dann ohne Zögern und Kompromiß durchzuführen. Das Kommen des Reiches Gottes macht diese Entschlossenheit und diese Hingabe unbedingt nötig.

Mt 13,44:
Das Gleichnis vom Schatz im fremden Acker
oder: Der listige Finder

»Das Reich der Himmel ist gleich einem im Acker verborgenen Schatz, den ein Mensch fand und verbarg. Und in seiner Freude geht er hin und verkauft alles, was er hat, und kauft jenen Acker.«

Lk 12,39:
Das Gleichnis vom erfolgreichen Dieb
oder: Der Meisterdieb

»Wenn der Hausherr gewußt hätte, zu welcher Stunde der Dieb kommt, hätte er ihn nicht in sein Haus einbrechen lassen.« (Fortsetzung, die abgebrochen worden ist: »Aber, er wußte es nicht, und deswegen war der Dieb so erfolgreich.«)

Lk 18,2-5:
Das Gleichnis vom gottlosen Richter

»(2) Ein Richter war in einer Stadt, der weder Gott fürchtete noch einen Menschen achtete. (3) Eine Witwe war aber in jener Stadt, und sie kam zu ihm und sagte: Schaffe mir Recht gegen meinen Widersacher! (4) Und er wollte lange Zeit nicht. Dann aber sagte er bei sich selbst: Wenn ich auch Gott nicht fürchte und keinen Menschen achte, (5) will ich, weil diese Witwe mir Mühe macht, ihr Recht schaffen, damit sie nicht am Ende kommt und mir ins Gesicht schlägt.«

Lk 16,1b-7:
Das Gleichnis vom klugen Verwalter

»(1b) Es war ein reicher Mensch, der einen Verwalter hatte, und von dem wurde ihm hinterbracht, daß er sein Vermögen vergeude. (2) Und er rief ihn und sagte zu ihm: Was höre ich da von dir? Lege Rechenschaft ab über deine Verwaltung; denn du kannst nicht mehr Verwalter sein.

(3) Der Verwalter aber sagte bei sich selbst: Was soll ich tun? Denn mein Herr nimmt die Verwaltung von mir. Graben kann ich nicht; zu betteln schäme ich mich.

(4) Ich weiß, was ich tun will, damit sie, wenn ich von der Verwaltung entlassen werde, mich in ihre Häuser aufnehmen.

(5) Und er rief jeden einzelnen der Schuldner seines Herrn zu sich und sagte zum ersten: Wieviel schuldest du meinem Herrn? (6) Der aber sagte: Hundert Bat Öl. Er aber sagte zu ihm: Nimm dein Dokument und setze dich hin und schreibe schleunigst fünfzig!

(7) Dann sagte er zu einem anderen: Du aber, wieviel schuldest du? Der aber sagte: Hundert Kor Weizen. Er sagt zu ihm: Nimm dein Dokument und schreibe achtzig!«

VI

Echte Taten Jesu

1. Jesus unterzieht sich der Taufe durch Johannes den Täufer

Mk 1,9

Und es geschah in jenen Tagen, daß Jesus von Nazareth in Galiläa kam und im Jordan von Johannes getauft wurde.

Erläuterung
Jesus war nach eigenem Verständnis nicht sündlos. Er ließ sich von Johannes »zur Vergebung der Sünden« (Mk 1,4) taufen und nannte allein Gott gut (Mk 10,17f). Die Gegenprobe dafür, daß Jesus sich als Sünder verstand, liefern der erste Evangelist, der die Taufe Jesu uminterpretierte (Mt 3,14: Johannes zu Jesus: »Ich bedarf dessen, daß ich von dir getauft werde, und du kommst zu mir?«), der vierte Evangelist, der sie als nicht stattgefunden betrachtete (vgl. Joh 3,22f; 4,1: Johannes und Jesus taufen zur gleichen Zeit), und das nicht in den Kanon aufgenommene Nazaräerevangelium, dem zufolge Jesus die eigene Taufe durch Johannes audrücklich ablehnte: »Was habe ich gesündigt, daß ich hingehe und mich von ihm taufen lasse?« Mit anderen

Worten, von einem recht frühen Zeitpunkt an wird die hinter der ältesten Tradition sichtbare Selbsteinschätzung Jesu als eines Sünders korrigiert im Sinne des Dogmas der Sündlosigkeit Jesu.

Historischer Ertrag
Die Tatsache, daß die Taufe Jesu durch Johannes in den jüngeren Texten abgeschwächt bzw. ganz übergangen wird, erweist sie als historisch (*Differenzkriterium*).

2. Jesus beruft die Zwölf und andere Jünger

Erläuterung und historischer Ertrag
Es gibt keinen zuverlässigen Text aus der allerältesten Zeit, der von der Berufung der Zwölf und anderer Jünger durch Jesus berichtet. Beides darf aber als sicher erschlossen werden. So folgt die Berufung der Zwölf aus Mt 19,28/Lk 22,28-30 (s. oben S. 89f) und aus der Existenz des Zwölferkreises in der Zeit *vor* der Bekehrung des Paulus zwei Jahre nach dem Tod Jesu (vgl. 1Kor 15,5: Christus erschien Kephas, dann den Zwölfen). Bei der Annahme, der Zwölferkreis sei vom »Auferstandenen« berufen worden und nicht von Jesus, käme man gewissermaßen in *Zeitnot*. Es wäre dann zu erklären, warum Paulus selbst keinerlei Kontakt zum Zwölferkreis hatte, obwohl dieser unmittelbar vor seiner Bekehrung erst konstituiert worden war. Außerdem hätte nach »Ostern« niemand Judas Iskarioth zum Mitglied des Zwölferkreises gemacht. Wahrscheinlicher ist daher, daß Jesus selbst den Zwölferkreis berief, der sich dann in

der ersten Zeit der Urgemeinde in Jerusalem hielt, schließlich aber von anderen Größen wie den drei »Säulen« (Jakobus, Petrus und Johannes) ersetzt wurde, mit denen Paulus in Jerusalem Umgang hatte (Gal. 2,9).

Das Faktum von Jüngerberufungen zu Lebzeiten Jesu ist sicher, da sonst die explosive Fortentwicklung des Jüngerkreises nach »Ostern« nicht zu erklären wäre.

3. Jesus treibt Dämonen aus

Erläuterung und historischer Ertrag

Keine einzige Geschichte des Neuen Testaments berichtet korrekt vom Hergang einer Dämonenaustreibung durch Jesus. Doch macht das oben S. 92f untersuchte echte Selbstzeugnis Jesu die Tatsache von Exorzismen sicher. Vgl. Lk 11,20: »Wenn ich aber durch den Finger Gottes die Dämonen austreibe, ist das Reich Gottes zu euch gekommen.«

Eine weitere Bestätigung ergibt sich aus der Beobachtung, daß das jüngste Evangelium des Neuen Testamentes, das Johannesevangelium, keinen einzigen Exorzismus Jesu mehr erzählt. Zudem bleibt beachtlich, daß das neugefundene Thomasevangelium keinerlei Hinweise auf Wunder – geschweige denn Exorzismen – Jesu enthält. Und Jesu Jünger werden zwar beauftragt, Wunder zu tun (ThEv 14), nicht aber Exorzismen wie noch in den drei ältesten neutestamentlichen Evangelien (Lk 9,2; 10,17ff; Mt 10,8; vgl. Mk 6,13). Auch diese beiden Tatbestände machen Jesu exorzistische Tätigkeit sicher.

4. Jesus hat Kontakt mit zwielichtigen Personen

Erläuterung und historischer Ertrag

Hingewiesen sei auf die Ausführungen auf S. 106-111 zu Jesu Umgang mit unmoralischen Helden sowie auf den Text:

Mt 11,18-19a

(vgl. Lk 7,33-34).

»(18) Es kam Johannes weder essend noch trinkend, und sie sagen: Er hat einen Dämon. (19a) Es kam der Sohn des Menschen essend und trinkend, und sie sagen: Siehe, ein Fresser und ein Weinsäufer, ein Freund von Zöllnern und Sündern.«

5. Jesus reinigt den Tempel

Mk 11,15-19

(15) Und sie kommen nach Jerusalem. Und als er in den Tempel eintrat, begann er die Verkäufer und die Käufer im Tempel hinauszutreiben, und die Tische der Geldwechsler und die Stühle der Taubenverkäufer stieß er um. (16) Und er ließ nicht zu, daß jemand ein Gerät durch den Tempel trug. (17) *Und er lehrte und sagte zu ihnen: »Ist es nicht geschrieben: ›Mein Haus wird Bethaus für alle Völker heißen? Ihr aber habt es zu einer Räuberhöhle gemacht*. (18) *Und die Hohenpriester und Schriftgelehrten hörten es und sannen darauf, wie sie ihn umbringen könnten. Denn sie fürchteten ihn; denn das ganze Volk*

war über seine Lehre erstaunt. (19) *Und als es Abend wurde, gingen sie aus der Stadt hinaus.*

Erläuterung

Der Text ist von markinischer Redaktion, die oben in der Übersetzung kursiv gesetzt ist, überlagert. Die von Markus verarbeitete Überlieferung verbindet den Auftritt Jesu im Tempel mit seiner späteren Hinrichtung.

Historischer Ertrag

Es ist nicht ohne weiteres klar, was Jesus mit der Aktion – ihre Historizität sei zunächst einmal vorausgesetzt – bewirken wollte. a) War sie als Tempelreinigung gedacht? Aber wer wird das Vertreiben der Händler und Verkäufer und das Umstoßen der Tische der Geldwechsler und Taubenhändler so auffassen können? b) War sie als Tempelreform zu deuten? Aber dazu paßt nicht, daß sie gar nicht den ganzen Tempel, sondern nur einen kleinen Bezirk betraf. c) Jesu Aktion im Tempel dürfte eher eine symbolische Handlung sein, die auf etwas anderes hindeutet. Jesus versuchte zeichenhaft den Tempelkult aufzuheben. Diese Aufhebung aber geschah nicht, um den Tempelkult zu reformieren oder seine weitere Profanisierung zu stoppen, sondern um einem ganz neuen Tempel, dem eschatologischen und damit von Gott erwarteten, Platz zu machen (*Kohärenzkriterium*). Voraussetzung dieses Verständnisses ist zweierlei: 1) Jesus hat in wörtlichem Sinn das Umstürzen (Mk 11,15) verstanden, das auf den ganzen Tempel zielte; 2) er hat damit die Hoffnung auf einen neuen Tempel verbunden, wie sie sich im Judentum in verschiedenen Ausprägungen findet. Vgl. die folgenden Belege:

Jes 60,13:

»Die Herrlichkeit des Libanon soll zu dir kommen, Zypressen, Buchsbaum und Kiefern miteinander, zu schmükken den Ort meines Heiligtums; denn ich will die Stätte meiner Füße herrlich machen.«

Mich 4,1-2a:

»(1) In den letzten Tagen aber wird der Berg, darauf des Herrn Haus ist, fest stehen, höher als alle Berge und über die Hügel erhaben. Und die Völker werden herzulaufen, (2) und viele Heiden werden hingehen und sagen: Kommt, laßt uns hinauf zum Berge des Herrn gehen und zum Hause des Gottes Jakobs, daß er uns lehre seine Wege und wir in seinen Pfaden wandeln!«

Hag 2,6-9:

»(6) Denn so spricht der Herr Zebaoth: Es ist nur noch eine kleine Weile, so werde ich Himmel und Erde, das Meer und das Trockene erschüttern. (7) Ja, alle Heiden will ich erschüttern. Da sollen dann kommen aller Völker Kostbarkeiten, und ich will dies Haus voll Herrlichkeit machen, spricht der Herr Zebaoth. (8) Denn mein ist das Silber, und mein ist das Gold, spricht der Herr Zebaoth. (9) Es soll die Herrlichkeit dieses neuen Hauses größer werden, als die des ersten gewesen ist, spricht der Herr Zebaoth; und ich will Frieden geben an dieser Stätte, spricht der Herr Zebaoth.«

1Hen 90,28f:

»(28) Ich stand auf, um zu sehen, bis daß er jenes alte Haus einwickelte. Man schaffte alle Säulen hinaus; alle Balken und Verzierungen jenes Hauses wurden mit ihm eingewickelt. Man schaffte es hinaus und legte es an einen

> Ort im Süden des Landes. (29) Ich sah, bis daß der Herr der Schafe ein neues Haus brachte, größer und höher als jenes erste, und es an dem Ort des ersten aufstellte, das eingewickelt worden war. Alle seine Säulen waren neu, auch seine Verzierungen waren neu und größer als die des ersten alten, das er hinausgeschafft hatte; und der Herr der Schafe war darin.«

Ein weiterer Reflex der Tempelkritik Jesu findet sich im Bericht über seinen Prozeß. Vgl. Mk 14,58: »Wir haben gehört, daß er gesagt hat: ›Ich will diesen Tempel, der mit Händen gemacht ist, abbrechen und in drei Tagen einen anderen bauen, der nicht mit Händen gemacht ist‹.« Die jesuanische Herkunft dieses Tempellogions ist sehr wahrscheinlich, um so mehr, als Mk 14,57 es ausdrücklich als Falschzeugnis darstellt (vgl. Apg 6,14, wohin es – wohl zur Entschärfung – vom Verfasser der Apostelgeschichte transportiert worden ist) und damit der Radikalität der Verkündigung Jesu an dieser Stelle die Spitze abbricht. Des weiteren läßt die jesuanische Erwartung des himmlischen Tempels sich auch insofern gut verstehen, als die Jerusalemer Urgemeinde sich mit dem Tempel identifizierte. Ihre Mitglieder hielten stets zum Tempel (Apg 2,46; 3,1ff; Apg 21,26) und erwarteten hier in Einklang mit Jesus das Ende der Zeiten.

Das im letzten Punkt zur Geltung gebrachte Kriterium zur Ermittlung echter Jesusworte und -taten, eine Art Entwicklungskriterium, das jeweils erlaubt, die Entwicklung von Jesus zur frühen Kirche nachzuzeichnen, habe ich sonst in der Arbeit nicht ausdrücklich herangezogen. Ich tue es am Ende des Buches trotzdem, um damit anzudeuten, daß die Kriterien allein in der historischen Jesusfrage nicht hinreichen, sondern daß es letztlich auf die Augen ankommt

(Julius Wellhausen). Insofern bleibe ich offen für neue Einsichten in die Entstehung der frühen Jesustraditionen und ihrer Voraussetzungen.

Nachwort

Das Ergebnis, das am Ende des Durchgangs durch ausgewählte neutestamentliche Texte steht, ist ernüchternd und wirft Licht auf die brutale Wirklichkeit des ersten Jahrhunderts: Die Entwicklung, den Menschen Jesus, seine Worte und Taten zu verfälschen und zu übermalen, begann schon im ältesten Christentum und befindet sich im Neuen Testament bereits in einem fortgeschrittenen Stadium.

Dabei ist zu berücksichtigen, daß in der vorliegenden Arbeit den echten Worten und Taten Jesu ungefähr gleich viel Raum gegeben wurde wie den unechten. Hieraus ist aber keinesfalls zu schließen, auch im Neuen Testament hielten sich Echtes und Unechtes die Waage. Vielmehr wurde in diesem Buch etwa die Hälfte aller echten Jesusworte und -taten aufgeführt, während die hier vorgestellten unechten nur einen kleinen Ausschnitt aus einer Fülle von Erfindungen darstellen.

Mit anderen Worten: Sowohl die Anzahl als auch der Inhalt der meisten Überlieferungen, die über Jesus erhalten sind und die allesamt den Anspruch erheben, ein authentisches Zeugnis über ihn zu abzugeben, stehen in einem schreienden Gegensatz zu dem, was er wirklich sagte und tat. Daß die Worte regelmäßig von Propheten in Jesu Namen als Eingebung des »Auferstandenen« gesprochen wurden, tut nichts zur Sache, denn Jesus ist gar nicht auferstanden und daher als »Auferstandener« ein Nichts. Die frühen Christen haben sich, historisch geurteilt, Jesus so zurechtgemacht, wie er ihren Wünschen und Interessen entsprach und wie er ihnen im Kampf gegen Abweichler und Andersgläubige am nützlichsten zu sein schien. Zwar haben die damaligen Christen praktisch keinen Sinn für historische Wahrheit gehabt, doch ändert das nichts an der Tatsache, daß sie objektiv »heilige Lügen« hervorgebracht haben. Denn in der Antike gab es durchaus ein Bewußtsein für Echtheit und Unechtheit, Wahrheit und Fälschung. Philologen alexandrinischer Schulung hätten mit Sicherheit *hinter* den frommen Betrug der neutestamentlichen Evangelisten geschaut. Und sie wären entsetzt gewesen, die frühen Christen dabei zu beobachten, wie sie den charismatischen Exorzisten Jesus zu einem Vollbringer von geradezu monströsen Wundertaten machten, wie sie den jüdischen Gleichniserzähler zu einem mißgünstigen Antisemiten erklärten, der von »denen da draußen« gar nicht verstanden werden wollte, und wie sie schließlich den unstetig umherziehenden Wanderprediger zum Weltenherrscher erhoben, der einst über Tote und Lebende Gericht halten wird.

So ist Jesus unter den Übermalungen des Neuen Testaments über weite Strecken bis zur Unkenntlichkeit entstellt worden. Nur hier und da schimmern Fragmente seiner Botschaft noch durch, und nur an wenigen Stellen können wir einen schattenhaften Umriß seiner Person noch erahnen.

Hinzu kommt: Die Verfälschung der Person und Botschaft Jesu spricht nicht allein dem Wahrheitsbewußtsein Hohn; sie ist auch teuer erkauft worden. Doch mußten nicht die Christen, sondern die Juden die Rechnung bezahlen. Denn *sie* waren es, die die Kosten für das rauschende Fest zu tragen hatten, in dessen Verlauf hemmungslos unechte Worte und Taten Jesu erfunden und echte pervertiert wurden. Der Triumph der christlichen Kirche war und ist die Tragödie Israels.

Abschließend sei betont, daß die Aufdeckung des großen Betrugs, der im Namen Jesu begangen wurde, heute nicht notwendig in Resignation oder Verzweiflung führt. Denn jede wissenschaftliche Verneinung ist zugleich ein positiver Geistesakt, der die Bahn für das Neue vorbereitet. Wir können zunächst gar nicht anders, als Jesus gegen all das in Schutz zu nehmen, was die ersten Christen aus ihm gemacht haben. Was dann übrigbleibt, ist freilich zu wenig, um darauf ein Christentum zu bauen, zumal man dann Jesus gegen seine eigene Intention verstehen und außerdem seine fehlgeschlagene Zukunftserwartung übertünchen müßte.

So bleibt nur der Blick nach vorn, wo allein Aufklärung dem überall pulsierenden Leben auf dieser Erde eine bleibende Statt bereiten kann und den Himmel denen überläßt, die sich nach ihm sehnen: den Engeln, den Spatzen und den Christen.

Verzeichnis der behandelten Texte

Kursiv gedruckte Stellenangaben verweisen auf *echte* Worte und Taten Jesu, normal gedruckte auf unechte.

Über den Autor

Gerd Lüdemann, 1946–2021, war Professor für Geschichte und Literatur des frühen Christentums an der Georg August Universität in Göttingen und Visiting Scholar an der Vanderbilt University in Nashville, Tennessee, USA. Er ist der Gründer des Archivs »Religionsgeschichtliche Schule« an der Theologischen Fakultät der Universität Göttingen.

Bei zu Klampen sind von ihm erschienen:

»Im Würgegriff der Kirche« (1998)
»Jesus nach 2000 Jahren« (1999, 2004, 2012, 2014)
»Das Unheilige in der Heiligen Schrift« (2001)
»Paulus, der Gründer des Christentums« (2001, 2014)
»Die Auferweckung Jesu von den Toten« (2002)
»Die Intoleranz des Evangeliums« (2004)
»Altes Testament und christliche Kirche« (2006, 2014)
»Das Jesusbild des Papstes« (2007)
»Der erfundene Jesus« (2008)
»Jungfrauengeburt?« (2008)
»Die ersten drei Jahre Christentum« (2009)
»Die gröbste Fälschung des Neuen Testaments« (2010)
»Wer war Jesus?« (2011)
«Der große Betrug« (2011)
»Der älteste christliche Text« (2011)
»Der echte Jesus« (2013)
»Ketzer« (2016)